50 MICRO HÁBITOS *explosivos*

Bertil Marklund y Linn Asterby

50 MICRO HÁBITOS *explosivos*

Cambios simples con resultados radicales

DIANA

Título original: *Explosiva mikrovanor*

Copyright © Linn Asterby y Bertil Marklund, 2023
Diseño gráfico: Philip Gunnari
Primera edición publicada por Bonnier Fakta, Estocolmo, Suecia
Edición en español publicada por acuerdo con Bonnier Rights, Estocolmo, Suecia, y Casanovas & Lynch Literary Agency.

Traductor: Hugo López Araiza
Formación: Ale Ruiz Esparza
Diseño de portada: Planeta Arte & Diseño / Paulina Zaragoza Colin
Ilustración de portada: © Getty Images

© 2025, Editorial Planeta Mexicana, S.A. de C.V.
Bajo el sello editorial DIANA M.R.
Avenida Presidente Masarik núm. 111,
Piso 2, Polanco V Sección, Miguel Hidalgo
C.P. 11560, Ciudad de México
www.planetadelibros.com.mx

Primera edición impresa en México: junio de 2025
ISBN: 978-607-39-2527-3

Impreso en los talleres de Litográfica Ingramex, S.A. de C.V.
Centeno núm. 162-1, colonia Granjas Esmeralda, Ciudad de México
Impreso y hecho en México – *Printed and made in Mexico*

Para Åsa (1944-2022), Martin, Ola y Karin.

Para Thea y Noëlle.

Índice

Prefacio, por **Bertil Marklund**

Realmente me entusiasma la divulgación del conocimiento científico sobre la salud para ayudar a los demás. Después de terminar la preparatoria, empecé a estudiar en la Facultad de Medicina de la Universidad de Gotemburgo (Suecia) y, en 1975, me gradué como médico general. Me interesaba, sobre todo, el asesoramiento brindado por las enfermeras, formular las preguntas esenciales de acuerdo con la función de los diferentes síntomas, así como los mejores consejos disponibles. Durante varios años trabajé en la creación de una guía para la toma de decisiones que facilitara el asesoramiento telefónico de las enfermeras. El resultado fue el libro *Symtom Råd Åtgärd* (Síntomas, consejos, medidas), el cual cuenta ya con nueve ediciones, la última de ellas en 2008 por la editorial Studentlitteratur.

Para evaluar si las asesorías mejoraban o no, estudié un doctorado y escribí mi tesis sobre asesoramiento médico telefónico. Obtuve el doctorado en 1990. Luego conseguí una plaza de investigador mientras continuaba estudiando las afecciones que son más frecuentes en la medicina general. Más tarde, en 2000, fui nombrado profesor asociado y en 2007 me convertí en catedrático. Hasta la fecha, he redactado alrededor de cien artículos científicos.

En 2008, el Servicio Nacional de Asesoramiento Médico adquirió todos mis textos sobre apoyo para la toma de decisiones, los cuales se han convertido en la base del asesoramiento gratuito que empezó a prestarse a través del número telefónico: 1177. Después, durante varios años, presidí el grupo de expertos que continuó revisando y desarrollando textos médicos.

El enfoque principal en el sistema sanitario gira en torno a las enfermedades y los factores de riesgo de las personas afectadas. En cambio, mi enfoque era distinto y, con base en la pregunta «¿por qué algunas personas gozan de tan buena salud?», comencé una revisión bibliográfica en busca de «elementos saludables».

Con el tiempo, mi interés por estudiar la relación entre estilo de vida, salud y envejecimiento ha crecido cada vez más. La investigación avanza y surgen nuevos datos interesantes, que es necesario divulgar entre el público en general. Así que cuando me ofrecieron participar en un pódcast sobre salud, ¡no pude decir que no! Actualmente, dicho pódcast, *Så lever du längre* (Así vivirás más años), tiene una recepción muy positiva y me siento muy bien por la gran difusión de información que ha llegado a tanta gente en materia de salud. Lo mejor de cada uno de los episodios del pódcast se ha recopilado en este libro, pero ahora con un enfoque en las acciones que son más fáciles de llevar a cabo y que tienen una notable repercusión en la salud.

Prefacio, por **Linn Asterby**

Una de las principales razones para convertirme en periodista fue la posibilidad de educar a las personas y dotarlas de conocimientos para su vida diaria. Como reportera de noticias, he aprovechado todas las oportunidades, y quizá he creado algunas otras a partir del convencimiento a mis superiores jerárquicos, para revisar y escribir sobre ciencia y entrevistar a algunos de los mejores científicos, como Stephen Hawking, Jane Goodall, Steven Pinker y Richard Dawkins. Por este mismo motivo, también me decidí a crear el pódcast *Så lever du längre* y a preguntarle a Bertil si quería participar conmigo en la búsqueda de estos valiosos conocimientos y en una difusión con mayor alcance.

Capítulo 1

Todos podemos vivir más años

En tus manos tienes la clave para disfrutar una vida más larga. Con mucho detenimiento, hemos seleccionado microhábitos tan explosivos que pueden brindarte más años de vida llenos de buena salud. ¿Parece demasiado bueno para ser cierto?, ¿acaso es otra tendencia basada en opiniones aleatorias? ¡Todo lo contrario! Nuestras bombas en materia de salud se sustentan a partir de diferentes investigaciones contrastadas. Sabemos que circula mucha información más que cuestionable en temas de salud por todas partes. Sin embargo, nosotros queremos llevarte de la mano y equiparte con los mejores conocimientos para que actúes con certeza, paso a paso, te sientas mejor, vivas más tiempo y, así, cumplas con todas tus metas y sueños, mientras convives más con tus seres queridos.

Nuestro punto de partida es la información sanitaria más confiable, es decir, las investigaciones más recientes y consolidadas en el campo. Por supuesto, no podemos controlar todo lo relacionado con nuestra salud, pero se pueden aumentar las probabilidades de una vida más larga y saludable. ¡Imagina que tus acciones pueden marcar una diferencia en verdad positiva con un esfuerzo mínimo! Por ello, hemos seleccionado de manera minuciosa estos microhábitos para ti. Conocerás las bases de su característica explosiva, así como algunas recomendaciones para aprovechar su poder en la búsqueda de una vida más saludable.

Durante mucho tiempo se pensó que nuestra salud y esperanza de vida dependían exclusivamente de nuestra información genética. Esto es incorrecto. Hoy sabemos que nosotros mismos controlamos hasta en un 75% nuestra esperanza de vida, e incluso otras investigaciones apuntan hasta un 90%. A veces, nuestro genoma nos provoca adversidades, pero siempre se podrán mejorar las condiciones para influir sobre nuestra esperanza de vida. Esto último es válido tanto si gozas de buena salud como si ya has padecido alguna enfermedad, así que empieza desde ahora y mira hacia adelante. Se puede retrasar la aparición de alguna enfermedad mientras se gana tiempo de calidad.

Además, las investigaciones científicas señalan que el esfuerzo que se debe hacer es mucho menor de lo que la mayoría creemos. ¡Qué suerte! Y aunque no todos tenemos el tiempo ni la posibilidad de invertir horas cada día en nuestra salud, basta con unos cambios menores, ya que las pequeñas acciones pueden tener un efecto enorme. Lo que a primera vista parece demasiado sencillo para marcar la diferencia se va acumulando con el tiempo. Los pequeños detalles se convierten en una bola de nieve y así, incorporados en la vida cotidiana, dan paso a un círculo maravilloso muy grande.

El camino por recorrer no es sinuoso: aparta unos minutos de tu día y aprovecha alguno de los microhábitos aquí comentados. Así, tu salud mejorará, pero también tus probabilidades de una vida más larga y saludable aumentarán.

Nunca es demasiado tarde

Este libro nació del pánico a la muerte, lo cual puede parecer extraño, ya que presentamos todos los resultados de nuestras investigaciones de la manera más positiva posible. De hecho, lo escribimos para que nadie más tenga que experimentar el mismo tormento.

Los padres de Bertil fallecieron prematuramente. En aquella época, se consideraba que la esperanza de vida, en gran medida, estaba condicionada por la genética. Esto significaba que Bertil pertenecía al grupo con mala suerte, lo cual le generó ansiedad. ¿Pronto llegaría su turno? ¿Su genoma le jugaría en su contra en cualquier momento, como a sus padres?

Así que, durante su época como investigador, empezó a preguntarse si existían factores que pudieran influir en la salud individual, soportar las enfermedades y detener el envejecimiento prematuro. En otras palabras, a diferencia de los factores de riesgo en los que se ha enfocado la atención sanitaria, Bertil buscaba elementos saludables. La angustia y las interrogantes eran tantas que decidió investigar sobre el tema.

Para Linn, el pánico a la muerte llegó como un choque. La vida familiar con niños pequeños no resultó como la había esperado, pues su hija fue diagnosticada con autismo grave a temprana edad. La vida se paralizó. Sus planes y sueños se desvanecieron. El dolor y la inquietud se apoderaron de ella. ¿Cómo se puede sobrevivir cuando no hay forma de que tu hijo pueda cuidarse a sí mismo, y la preocupación y la falta de sueño acaban contigo? ¿Qué pasaría con su hija si Linn muriera prematuramente por alguna enfermedad?

Bertil Marklund es profesor adjunto, antiguo catedrático de Medicina General y Salud. Es un popular investigador activo, médico y el creador del número telefónico sueco 1177, en el que se da asistencia médica. Linn Asterby es productora, periodista con trayectoria y editora con un particular interés por la ciencia. Juntos dirigen el pódcast *Så lever du längre*, dan conferencias e instruyen tanto a profesionales médicos como a cualquier tipo de persona en favor de la salud.

Estos pensamientos son duros de sobrellevar, y somos muchos quienes debemos lidiar con situaciones así.

Así pues, se trata de un sentimiento que preferiríamos que otros eviten en la medida de lo posible. Esa es la razón por la que este proyecto es tan positivo y alentador. No podemos controlar todo, ni nuestra salud ni nuestra esperanza de vida; sin embargo, podemos adoptar ciertas medidas para incrementar nuestras posibilidades.

¿Sabes algo? Tus experiencias previas ya no son lo que más importa, sino tus acciones de ahora en adelante. Nunca es tarde para empezar. Y aquí estamos, en plena búsqueda de tesoros: hábitos sencillos, de los cuales incluso Linn hace uso para seguir de pie y hacer frente al duro día a día. Descubriremos un microhábito tras otro, hasta que estemos convencidos de que nos podemos arreglar solos. Cada vez que grabamos un episodio de nuestro pódcast, recordamos las pequeñas acciones que desde un principio todos podemos adoptar y que tienen una enorme repercusión. Se necesita mucho menos de lo que creemos.

Si nos centramos en los peligros y los riesgos en materia de salud, nuestra mente tiende a crear titulares llamativos: «Evitar», «Peligro», «Cuidado», «Alerta». Todas estas son palabras que generan una fuerte reacción en nosotros. Es decir, nos referimos a mensajes alarmantes, que permiten generar reacciones en la gente con mayor facilidad. Sinceramente, nuestro mensaje llegaría a más personas de esa manera, pero no pretendemos molestar a nuestros prójimos. Sabemos el significado del pánico a la muerte y de las preocupaciones inherentes a la salud. Estos microhábitos son decisivos para nuestra salud y resiliencia, así que pueden serlo también para ti.

Empieza desde hoy

Puedes aprovechar este libro de acuerdo con tus actuales circunstancias. No necesitas ningún tipo de equipamiento ni tiempo ilimitado para adoptar los hábitos incluidos en esta obra. Tampoco se requiere determinada edad, historial clínico ni hábitos de deportista.

Nos atrevemos a decir que dentro de este texto hay información para todos, con fundamento para marcar la diferencia. Además, no se requiere seguir el contenido de este libro al pie de la letra; al contrario, nos gustaría que valores todos los datos como un *buffet* del que puedes elegir. Selecciona el hábito que quieras y luego ponlo a prueba. ¿Te funciona? ¿Su incorporación a tu vida diaria es asequible? Si es así, entonces ¡continúa! Si no es el caso, elige otro que parezca prometedor y ponlo a prueba. Aquí, la obligatoriedad no existe. Debe ser fácil y divertido.

Aprovecha esta oportunidad y consigue más motivación, ánimo y recargas de dopamina para llegar más lejos y a un mejor ritmo. Estas recargas son fundamentales para lograr el éxito.

Con mucha frecuencia se afirma que nos ahogamos en cantidades ingentes de información y que debemos esforzarnos para reconocer aquella que es confiable. Lo cual es cierto, y el que se afirme constantemente no lo hace más fácil. Así que estamos en la misma línea que tú, ya que también queremos asegurarnos de que dedicamos nuestro tiempo a elementos que hagan la diferencia para nuestra vida.

Las investigaciones requieren un gran escrutinio para poder disponer de información valiosa. Por otro lado, los estudios científicos son un bien perecedero, ya que el conocimiento se encuentra en un proceso de constante evolución. De modo que trabajamos con estudios amplios y complejos que están respaldados por evidencias contrastadas. Pero, sobre todo, abordamos investigaciones de publicación reciente. De esa forma, tanto tú como nosotros podemos estar seguros de la obtención de efectos positivos sobre nuestra salud. Sin embargo, y resalto lo siguiente, no pretendemos dificultarte la lectura con textos largos para conocer los fundamentos, aunque sí te contaremos gustosos de las bases científicas. Sobre todo, queremos que tú notes una diferencia. Entonces, empieza a cambiar desde hoy. Hojea el libro hasta encontrar un microhábito y continúa con su aplicación; así potenciarás tu salud desde ya.

Este libro tiene un objetivo principal: tu salud deberá experimentar un cambio positivo, notorio, rápido y a largo plazo. Esto lo lograrás *si adoptas medidas*. Por esa razón, queremos que pases a la acción como primera tarea. Busca un microhábito en este libro, ponlo en práctica y consigue un impulso inmediato.

En este capítulo, explicamos nuestro trabajo con la ciencia y cómo la trasladamos a este libro. Estaremos encantados de explicarte todo paso por paso, pero primero te invitamos a emprender nuevas acciones.

Capítulo 2

Nuestra búsqueda de tesoros en el campo de la investigación

No estamos frente a un libro cualquiera de autoayuda o de salud. Todo el contenido en esta obra se sustenta en hallazgos científicos comprobados. Existe una importante diferencia entre los hallazgos de estudios puntuales, a pequeña escala, y nuestro trabajo. Te lo explicaremos. En este libro, nos enfocamos en los hábitos pequeños y sencillos, que casi todos podemos realizar y que son tan poderosos que pueden alargar la vida.

Los hemos simplificado a partir del filtro de la información menos fiable, para así armarte con los conocimientos científicos más recientes y consolidados. ¿No te gustaría contener el estrés con unas pocas respiraciones? ¿O estar de pie para mejorar tu salud? ¿Cómo es posible encontrar este tipo de consejos? Bueno, en las bases de datos, buscamos los estudios recientes y de calidad contrastada, los leemos con bastante cuidado para así seleccionar la información más valiosa y útil. De esta manera nos gustaría dotarte con los microhábitos más explosivos para tu salud.

A continuación, explicaremos el trabajo realizado con los datos recopilados para la redacción del libro y los motivos para albergar certidumbre respecto del contenido y de sus repercusiones en tu salud.

¿Qué información es fiable?

En la actualidad abunda la información médica. Es posible encontrar diversas fuentes de calidad muy variable en internet. Entonces, se deben elegir aquellas con amplia valoración por parte de expertos y profesionales. Nosotros buscamos en diferentes bases de datos y encontramos estudios de diversas calidades, por lo que optamos por sustentar el libro en aquellos artículos científicos que habían pasado por un proceso de revisión. Las investigaciones a las que haremos referencia son examinadas por especialistas, lo cual significa que han pasado por un proceso de revisión por expertos en la materia antes de su publicación. Podemos decir que se trata de una revisión de calidad, la cual garantiza que el artículo publicado cumple con altos estándares. En concreto, hemos seleccionado estudios exhaustivos de gran alcance, es decir, artículos con el mayor énfasis científico.

A veces, las investigaciones arrojan resultados contradictorios. La explicación a esto podría encontrarse en el uso de metodologías distintas, pero

«Queremos dotarte de los microhábitos más explosivos para tu salud».

también puede ser consecuencia de la falta de rigor de ciertos estudios. Este problema, sin embargo, se puede superar, porque existen grupos de investigadores que se encargan de resumir todos los estudios conducidos en un campo específico, digamos, durante los últimos veinte años. Estos grupos presentan el estado actual de la investigación, en otras palabras, los hallazgos sobre los cuales existe un consenso entre los profesionales más instruidos en la materia. Con frecuencia, se incluye un número considerable de estudios en este tipo de artículos denominados *de revisión sistemática*. Entonces, algunos estudios con un resultado discrepante no afectan las conclusiones de este tipo de artículos. Por lo anterior, nos basamos, en primer lugar, en los artículos de revisión sistemática. Se trabaja de esta manera en varias áreas vinculadas al estilo de vida, aunque cabe aclarar que el campo es tan nuevo que en algunas ocasiones no se han conducido estudios de este tipo. En estos casos, nos hemos fiado del siguiente nivel de estudio con un alto grado de evidencia, el llamado «eca», o ensayo controlado aleatorizado. Este tipo de estudio estriba en la selección de dos grupos de personas, de los cuales el primero —el grupo de control— sigue con su vida como siempre, mientras que el segundo grupo realiza un cambio específico. Los participantes de los grupos son seleccionados aleatoriamente. Luego, se comparan los resultados de los dos grupos. En caso de que sea posible, el estudio se conduce mediante el método doble ciego, lo cual significa que ni las personas que reciben el tratamiento ni los supervisores correspondientes conocen su asignación al grupo con tratamiento activo o al grupo de control. Nos referimos al *patrón de oro* de la investigación, es decir, al mejor enfoque posible para obtener un resultado confiable, en el que el azar no entra en juego.

En algunos casos, no obstante, se llega a los resultados más interesantes si se le da seguimiento a un grupo de personas durante un largo periodo para, por ejemplo, estudiar si los «elementos saludables» son consistentes y tienen un menor riesgo de contraer enfermedades o morir. Estos estudios se denominan *estudios observacionales* y suelen utilizarse en el campo de investigación sobre el estilo de vida. Si varios estudios observacionales muestran los mismos resultados, es un claro indicio de que existe un nexo causal. Sin embargo, es importante tener en cuenta que se trata de correlaciones, y no de nexos causales definitivos. Lo anterior es válido también para los estudios a los cuales hacemos referencia en este libro. Ahora bien, dado que nuestros consejos se fundamentan a menudo en varios estudios extensos, bien diseñados y con los mismos hallazgos, aumenta la posibilidad de un nexo causal.

Además, hemos recurrido a información médica de fuentes fiables, por ejemplo, la Agencia de Salud Pública (Folkhälsomyndigheten) y la Agencia Nacional de Alimentación (Livsmedelsverket) de Suecia.

Todos nuestros consejos de estilo de vida, de una forma u otra, están vinculados a una mayor esperanza de vida. No obstante, si un estudio menciona que un determinado cambio conllevará un aumento de la esperanza de vida, por ejemplo, de siete años, no significa que ocurrirá exactamente así para ti o para mí. Se trata de un promedio calculado a partir de los resultados de miles de personas que han aplicado ese cambio. Esto significa que algunas de esas personas habrán aumentado su esperanza de vida en menos de siete años, y otras en más. Lo que podemos establecer es que el nuevo hábito guarda una relación suficientemente fuerte con el aumento de la esperanza de vida, de tal modo que la vida de las personas se alarga siete años como promedio.

¿En quién se puede creer?

«Pero otras personas refieren lo contrario» o «Este estudio dice algo diferente», nos han cuestionado los oyentes de nuestro pódcast. La confusión es comprensible. Es importante ser crítico con las fuentes, y por eso te compartimos aquí algunas recomendaciones que te permitirán evaluar la información disponible.

La salud pública representa un amplio campo de investigación, pues está formado por varias áreas. Es una disciplina única, ya que no trata únicamente de dietas y ejercicio, sino que además abarca el conocimiento de muy diversos sectores.

Aquellas personas versadas en investigación en salud pública están capacitadas para evaluar los descubrimientos científicos sobre la salud en su con-

junto, es decir, para definir los aspectos positivos para nuestra salud en general, y no solamente para determinados elementos.

En conjunto, nos gustaría ofrecerte un panorama holístico de lo que puede abarcar un estilo de vida que promueva la salud de forma tan eficiente que sea capaz de prolongar la vida.

Los motivos del envejecimiento son un asunto complejo, sin embargo, varios estudios señalan un nexo entre la inflamación crónica de bajo grado, el envejecimiento y la posibilidad de sufrir varias enfermedades diferentes. En la actualidad existe un término para esta relación: *envejecimiento inflamatorio*, es decir, la combinación de inflamación y envejecimiento. Hoy se sabe que esta inflamación surge en un proceso durante el cual las células producen energía. De hecho, se forman radicales libres. Un estilo de vida poco saludable conduce a un excedente de estos radicales, lo cual se traduce en inflamación. Muchos de los hábitos aquí presentados se basan en estudios que confirman que un estilo de vida saludable reduce la inflamación y, por lo tanto, también el riesgo de padecer una amplia gama de enfermedades y de envejecimiento prematuro.

Es muy fácil encontrar algún informe de investigación con resultados sorprendentes, pero frente a ello contamos con un buen criterio. Si el resultado sobresale por encima de todo el conocimiento acumulado y hay dudas sobre su veracidad, por lo general, no es fiable. Cuando un único estudio se aleja del consenso, trata de ahondar sobre su metodología y calidad.

Si una persona contradice la opinión generalizada y te hace dudar de si se trata de una opinión o un dato científico, entonces deberías considerar las siguientes preguntas:

- ¿A qué fuentes hace referencia la persona?
- Si la persona señala resultados de estudios científicos, ¿cuál es la calidad de estas investigaciones?
- ¿Cuánta experiencia tiene la persona en cuestión en el campo de la salud pública? Es decir, ¿posee la competencia necesaria para evaluar los estudios que abarquen el tema de la salud a nivel poblacional?
- ¿La persona está actualizada con los estudios más recientes en el campo? ¿Cuál es la antigüedad de la información proporcionada?

Cuando los resultados de un estudio señalen algo diferente a lo presentado por otros investigadores, pon atención en los siguientes aspectos:

- ¿Se utilizó una metodología contrastada? ¿En qué medida?
- ¿Expertos en la materia han revisado el estudio?
- ¿Se han publicado los resultados en una revista científica? ¿El proceso incluyó la revisión por especialistas?

- ¿Los resultados son significativos?
- ¿Existen intereses económicos que hayan auspiciado a los investigadores?

¿Qué importancia tiene la fecha de la investigación?

En nuestro trabajo, hemos confirmado una y otra vez que los estudios científicos tienen fecha de caducidad. Hay un desarrollo constante y rara vez basta con apoyarse en un estudio realizado diez años atrás. En los campos de la medicina, la salud pública, la psicología y la fisiología, entre otros, la producción científica es cuantiosa, lo cual significa que la información anterior envejece rápido cuando irrumpen nuevos descubrimientos. En consecuencia, debemos permanecer a la vanguardia en materia de investigación para obtener información valiosa, por eso nuestro objetivo incluyó la búsqueda de los estudios científicos más recientes. El fundamento para los consejos y los datos que ofrecemos en este libro, por lo tanto, reside en compilaciones recientes de gran escala. Si algún estudio presentado hace unos años aún sigue siendo válido e incluye algún elemento de interés particular, posiblemente lo contemplamos.

Como inexperto en la materia, es difícil mantenerse al día. De hecho, es muy difícil. Por ello, nosotros seguimos los avances de la ciencia y evaluamos continuamente la información disponible. Además, invitamos y consultamos a expertos de diferentes campos; es decir, nos esforzamos por seleccionar los mejores y más eficaces consejos de entre toda la información existente.

En pocas palabras, nuestro esfuerzo es arduo para revisar todo este caudal de estudios científicos, eliminar aquella información poco contrastada y transformar los conocimientos científicos más poderosos en información práctica. Asimismo, nos hace felices mostrar lo poco que se requiere para mejorar la salud individual con un esfuerzo mínimo y la influencia personal sobre los efectos logrados en materia de salud.

Los microhábitos explosivos aquí presentados están basados en estudios exhaustivos de gran alcance, los cuales señalan vínculos claros entre comportamiento y esperanza de vida. En este libro, presentamos los aspectos más recientes y, al mismo tiempo, más seguros, que la ciencia expone con respecto a la esperanza de vida.

Por todo lo anterior, al final de esta obra, el lector encontrará una lista con todas las referencias que conforman el fundamento científico de este libro.

Capítulo 3

Microhábitos

EXPLO

No te preocupes, no tienes que hacer todo lo que describe este libro. Tampoco corres el riesgo de apostar por el hábito equivocado, porque ¡todos nuestros microhábitos son sencillos, rápidos, explosivos y eficaces!

¿Alguno te parece más atractivo? Pruébalo, saboréalo y, si te convence y te conviene, adóptalo. Ciertos hábitos tienen una repercusión considerable y por ello elegimos algunos parecidos que pueden atraer a diferentes personas.

Desarrolla uno o pon a prueba varios, pero, ante todo, ¡asegúrate de que te resulte fácil, divertido y que te haga sentirte bien!

¿Listo? ¡Comencemos!

SIVOS

Elige entre nuestro surtido para una vida más larga

Un par de segundos...

1. Mejora tu comida.
2. Respira profundamente.
3. Come un poco de frutos secos.
4. Presta atención a los pequeños detalles.
5. Contacta a una persona a quien extrañes.
6. Elige el arcoíris.
7. Siéntete satisfecho.
8. Rocía tu comida con aceite de oliva.
9. Haz un cumplido significativo.
10. Trátate con más amabilidad.
11. Prueba algo diferente en la mesa.
12. Agradece con todo tu corazón.
13. Siéntate junto a la ventana.
14. Sustituye la carne.
15. Reduce el número de pasos en tu celular.
16. Di que no.
17. Come primero la ensalada.

Un par de minutos...

18. Ponte de pie, por el bien de tu salud.
19. Piensa en aquello por lo que sientes gratitud.
20. Platica con alguien.
21. Sírvete un poco de todo en el *buffet* de ensaladas.
22. Piensa cariñosamente.
23. Usa hilo dental.
24. Come una fruta.
25. Dale unas microvacaciones al cerebro.
26. Acompaña el café con un trozo de chocolate amargo.
27. Haz limpieza profunda.
28. Flexiona los músculos.
29. Consume pan integral.

Cinco minutos...

30. Haz una pausa y ejercítate.

31. Habla con alguien que parezca estar solo.

32. Bebe una taza de café.

33. Respira como los Navy SEAL.

34. Prepárate un licuado.

35. Escucha música.

36. Imagina a tu mejor yo.

37. Limpia tu microbiota intestinal: come algo fermentado.

38. Disfruta de una taza de té.

39. Hazlo al revés por el bien de la amistad.

Diez minutos...

40. Da un paseo corto y rápido.

41. Suéltate y baila.

42. Practica yoga.

43. Tómate un poco de tiempo para no hacer nada.

44. Sincroniza tus paseos.

Quince minutos...

45. Cada movimiento te rejuvenece.

46. Llámale a un amigo.

47. Disfruta de la luz natural, aunque esté nublado.

48. Haz cardio: estimula la molécula milagrosa.

49. Haz algo que disfrutes.

50. Sal a tomar un café con amigos.

51. Disfruta de un paseo.

52. Toma el sol.

53. Ayuda a alguien más.

1 Mejora tu comida

● Un par de segundos...

Esparce algunas hierbas, semillas o especias sobre tu comida, y al instante su sabor será más delicioso y saludable.

El increíble trío de hierbas, semillas y especias es una de las mejores bombas de antioxidantes que existe. Cada uno de estos complementos está repleto de moléculas que alargan la vida, por lo cual obtendrás magníficos resultados incluso con dosis pequeñas por aquí y por allá.

Pon un poco de semillas sobre el yogur, condimenta tu malteada con especias —como la cúrcuma y la canela—, o bien, mezcla diferentes hierbas con aceite de oliva, y úntalas sobre tu filete de pescado antes de llevarlo al horno.

Las hojas frescas, secas, congeladas, martajadas o molidas funcionan igual de bien.

Tip: tanto las hierbas como las semillas son excelentes para la microbiota intestinal.

Hallazgos en la literatura científica

Existe evidencia contundente de que una dieta rica en hierbas, semillas y especias puede fortalecer el sistema inmunitario del organismo contra enfermedades, incluidos los virus infecciosos. Estas especias y hierbas contienen una elevada concentración de antioxidantes que, incluso en pequeñas cantidades, aumentan la protección antioxidante.

También se ha demostrado que agregar una cucharadita de hierbas y especias a la dieta resulta beneficioso para la composición de la microbiota intestinal. En conjunto, esto genera un efecto antiinflamatorio considerable, lo que es maravilloso para la salud. Por otro lado, las concentraciones de lípidos y la glucemia mejoran, se reduce la inflamación en el organismo y se disminuye el riesgo de padecer trastornos, como la diabetes mellitus tipo 2, enfermedades cardiovasculares y artritis.

Extratips: Mezcla cúrcuma con pimienta negra y su absorción en el intestino aumentará unas 2 000 veces.

Las cinco mejores especias:

1. Clavo de olor
2. Canela
3. Orégano
4. Cúrcuma
5. Comino

Las cinco mejores hierbas:

1. Perejil
2. Albahaca
3. Salvia
4. Menta
5. Tomillo

Respira profundamente

- Un par de segundos...

→ Ahora, en este momento, respira profundamente tres veces. Detente, relaja las mandíbulas y respira hondo mientras introduces el aire hasta el estómago. Listo, acabas de brindarle un descanso de auténtico lujo al cerebro, con todo incluido, y hasta con oxígeno extra para las células, al mismo tiempo que activabas los procesos curativos. Resulta tan sencillo que puedes convertirlo en un hábito y realizarlo varias veces al día.

Qué ocurre en nuestro organismo

La respiración es la herramienta más eficaz del ser humano contra el estrés. No estamos exagerando. Si respiras con estrés desde la parte superior del pecho, entonces el cuerpo se prepara para pelear o huir de aquel oso cavernario cuyo ataque se espera en cualquier momento. En cambio, si respiras hondo e introduces el aire hasta el estómago, envías un mensaje explícito a todo tu organismo: «Aquí no hay osos cavernarios, tiranosaurios ni payasos asesinos. ¡Siente la tranquilidad con la que estoy respirando! Querido cuerpo, puedes estar calmado en este momento. Relájate y disfruta de un descanso. ¿Tal vez puedes aprovechar este espacio para algún ejercicio de reparación?». El cuerpo lo sabrá. El organismo disfruta enviar montones de hormonas sanadoras cuando tiene la oportunidad, en resumen, en cuanto se sabe seguro.

Otros beneficios de una respiración profunda son los siguientes:

- ✔ Mejora la circulación.
- ✔ Disminuye la frecuencia cardiaca.
- ✔ Reduce el estado de ansiedad.
- ✔ Fortalece el sistema inmunitario.
- ✔ Aporta una dosis de hormonas del bienestar al organismo.

Come un poco de frutos secos

● Un par de segundos...

Agarra un poco de frutos secos como colación, ponlo sobre tu ensalada o mézclalo con lo que se te antoje. Los frutos secos contienen varias sustancias antiinflamatorias y su ingesta repercute bastante sobre nuestra salud. Mejoran la absorción de antioxidantes en el organismo. ¡Nada más y nada menos! Es decir, todo lo que comes con contenido antioxidante (como los arándanos, el café, el chocolate amargo, la cebolla) tendrá un efecto adicional si además agregas unos cuantos frutos secos.

Los frutos secos también contienen fibra, así que tu colación aportará sinergia a las bacterias buenas de tu microbiota intestinal. Como si esto no fuera suficiente, las nueces contienen distintos minerales esenciales, como magnesio, zinc, hierro, potasio y selenio.

Tip: Mezcla diferentes tipos de frutos secos. También puedes variar su consumo en el transcurso de una semana, para así obtener el mayor efecto posible: nueces de Brasil, avellanas, almendras, nueces pecanas, nueces, pistaches, nueces de la India. Por supuesto, todos estos frutos secos son deliciosos.

Hallazgos en la literatura científica

En una revisión sistemática a gran escala, los investigadores analizaron 89 artículos científicos sobre los efectos saludables del consumo de frutos secos.

Descubrieron que la ingesta de un puñado de frutos secos al día significa:

- ✔ 21% menos riesgo de enfermedades cardiovasculares.
- ✔ 11% menos riesgo de fallecimiento por cáncer.
- ✔ 22% menos riesgo de muerte general.
- ✔ Un riesgo reducido de mortalidad por enfermedades respiratorias, infecciosas o diabetes mellitus tipo 2.

4 Presta atención a los pequeños detalles

● Un par de segundos...

Intenta apreciar la grandeza en los pequeños detalles y agradece por ello. Parece algo demasiado simple para prolongar la vida, ¿verdad? No obstante, se trata de un microhábito explosivo y el efecto continúa mucho tiempo después, ya que el cerebro se acostumbra a prestar atención y a apreciar los pequeños detalles positivos de la vida.

Cuando entrenas tu cerebro de esta manera, para el desarrollo activo de un pensamiento optimista, se liberan un montón de hormonas del bienestar. Mientras más veces lo intentes, más fácil se vuelve desencadenar el efecto. De manera literal, se forman nuevas vías de pensamiento en el cerebro, lo cual cambiará tu disposición y, con el tiempo, se volverá una función cerebral automática.

Tal vez sientas agradecimiento por alguien a quien conozcas, por el cielo despejado, porque un extraño te abrió la puerta o porque pudiste acariciar un perro bonito en el paseo que haces durante la hora de comida. Considera estos pequeños detalles y siéntete agradecido. La felicidad existe en los aspectos cotidianos, enfrente y alrededor tuyo, todo el tiempo, solamente debes darte cuenta.

Hallazgos en la literatura científica

En una revisión sistemática de gran alcance, en 2022, se evaluó la relación entre la salud mental y el riesgo de enfermarse o morir por padecimientos cardiovasculares. Principalmente, se estudió la relación entre personas con una disposición optimista y el riesgo de enfermarse o morir por causas cardiovasculares u otras. Los resultados mostraron que las personas con una actitud más optimista tenían:

- ✔ 13% menos riesgo de mortalidad por cualquier causa.
- ✔ 41% menos riesgo de enfermedades cardiovasculares.
- ✔ 43% menos riesgo de accidente cerebrovascular.

5 Contacta a una persona a quien extrañes

● Un par de segundos…

→ Envía un mensaje de texto breve a alguien a quien no ves o con quien no hablas con tanta frecuencia como te gustaría. No es necesario un tema específico para contactar a una persona que extrañas. Un mensaje como «Pienso en ti y espero verte pronto» o «Quiero que sepas que te aprecio, aunque no hablemos tan a menudo actualmente» marca una diferencia notoria. Se trata de poner un leño a la pequeña fogata llamada amistad.

Esta sencilla acción de unos pocos segundos quizá se traduzca en un plan para salir juntos, reuniones y conversaciones más frecuentes.

Hallazgos en la literatura científica

En nuestros tiempos, se hace hincapié en el dinero, el éxito y la fama como las principales metas de la vida, por lo que es muy fácil estancarse en los pensamientos alrededor de la carrera profesional, la retribución financiera y los logros individuales. No obstante, las comodidades giran en torno a las relaciones.

En uno de los estudios de seguimiento individual más perdurable del mundo, investigadores de la Universidad de Harvard han seguido a tres generaciones y más de 2 000 personas durante 85 años. Se trata de un estudio exhaustivo de gran alcance. En él, se ha consultado sobre los factores que contribuyen a una buena calidad de vida. Y la clave no estriba ni en el éxito ni en la riqueza.

Los investigadores concluyen que las buenas relaciones son ese epicentro. Establecen incluso que las relaciones interpersonales representan lo único importante en la vida. De hecho, personifican el mejor indicador de tu salud, bienestar y felicidad, al mismo tiempo que ayudan a ralentizar el proceso de envejecimiento.

6 Elige el arcoíris

● Un par de segundos...

Cuando estés en la tienda o el supermercado, piensa en el arcoíris y elige frutas y verduras de distintos colores. ¿No te parece un lujo mirar las delicias coloridas dentro del carrito o de la bolsa? Pero hay más: este truco te hará vivir más años. Hoy en día, únicamente dos de cada diez personas comen la cantidad suficiente de frutas y verduras. ¿Te parece triste? Todo lo contrario, ya que la mayoría de nosotros tiene una solución fácil para disponer de una vida más larga. Un cambio pequeño puede tener notorias repercusiones.

Los distintos colores de las frutas y verduras indican diferentes tipos de antioxidantes que colaboran en equipo. Imagina los antioxidantes como un equipo de futbol, en el que quieres un jugador sobresaliente en cada posición. No querrías quedarte sin el portero más destacado, ¿verdad? La presencia de los mejores jugadores para el equipo permite obtener efectos positivos adicionales. Así pues, cada antioxidante tiene cierto efecto y combinándose con otros logra una sinergia. En otras palabras, los antioxidantes rompen con las reglas matemáticas por tu salud y juegan con la fórmula «1 + 1 = 3». Conviértete en tu propio director técnico, elige el arcoíris, y come frutas y verduras de todos los colores.

Selecciona frutas, bayas y verduras:

- ✔ De distintos colores: piensa en el arcoíris, es decir, rojo, amarillo, naranja, verde, azul, morado y blanco.
- ✔ De acuerdo con la temporada o también los congelados.
- ✔ Que te gusten. ¡Disfruta!
- ✔ Y prueba algo nuevo.

Tip: Añade un poco de frutos deshidratados en tu yogur o avena.

Hallazgos en la literatura científica

Los antioxidantes son los guardianes de las células del organismo. En tu cuerpo se libra una batalla constante: radicales libres bombardean todos tus órganos. Cuando los malvados son más numerosos y empiezan a dominar tu organismo, la función celular se destruye y el campo queda abierto para el envejecimiento y para todo tipo de enfermedades.

Múltiples estudios han mostrado que cuando esto sucede, la ocurrencia de enfermedades endémicas, el envejecimiento y la muerte prematura aumentan.

Los antioxidantes se ocupan de los radicales libres y proceden con su neutralización antes de la aparición de daños en el huésped. Cuando consumes antioxidantes, equipas a tus células con estos guardianes.

En una revisión sistemática llevada a cabo en 2020, los investigadores analizaron 32 estudios, con más de 715 000 participantes, sobre los efectos del consumo de frutas y verduras. Los investigadores concluyeron lo siguiente:

- ✔ Se reduce la mortalidad por cualquier causa.
- ✔ Se disminuye el riesgo de mortalidad por enfermedades cardiovasculares.

Dato: Evita los antioxidantes en comprimidos. Como suplemento alimenticio, la concentración de antioxidantes aumenta demasiado, lo cual puede fomentar el crecimiento de un carcinoma que ya esté en curso. Por otro lado, este riesgo no existe si comes frutas y verduras.

7 Siéntete satisfecho

● Un par de segundos...

A menudo olvidamos celebrar y disfrutar de nuestros logros. En cambio, avanzamos inmediatamente con la siguiente tarea y nos perdemos la pequeña oportunidad de disfrutar de lo recién concluido.

¡Dale la vuelta a esa idea y celebra! No importa si se trata de un asunto minúsculo en la lista de tareas pendientes o un tema de gran importancia. Presta atención a todas tus aportaciones, luego comprueba que los pequeños detalles se acumularán hasta formar una pila y convertirse en un cambio considerable y positivo. ¡Siéntete satisfecho!

Hallazgos en la literatura científica

El reconocimiento de tus logros promueve la confianza en ti mismo y el ser más optimista. Además, la gestión de los contratiempos es más fácil y el futuro se torna más brillante.

Varios estudios afirman que una actitud positiva contribuye a una vida más larga y saludable. Por ejemplo, en una revisión sistemática con 229 000 participantes y un periodo de seguimiento de 13.8 años, se descubrió que las personas optimistas tienen un 35% menos de riesgo de padecer enfermedades cardiovasculares y un 14% menos de riesgo de mortalidad por cualquier otra causa.

Otro estudio realizado con 70 000 mujeres concluyó que, en comparación con aquellas con una disposición pesimista, las que poseían un carácter optimista tenían un 10% menos de riesgo de mortalidad tanto por cáncer como por enfermedades cardiovasculares, respiratorias o infecciosas, o bien, por accidentes cerebrovasculares.

8 Rocía tu comida con aceite de oliva

● Un par de segundos...

Observa con detenimiento los alimentos que estás a punto de comer. ¿Su sabor podría mejorar con un poco de aceite de oliva? Si la respuesta es afirmativa, entonces ¡rocía la comida con aceite de oliva! Si la respuesta genera dudas, entonces primero ¡prueba!

¿Por cuál de todos los efectos positivos del aceite de oliva comenzamos? Pues, por ejemplo, estimula la microbiota intestinal y disminuye el riesgo de desarrollar cáncer de mama. Realiza un consumo de 1 a 2 cucharadas de aceite de oliva extravirgen al día. El sabor es muy rico. De igual forma, este aceite contiene una dosis adecuada de antioxidantes y de ácidos grasos insaturados como los ácidos grasos omega-3 (ω-3).

Hallazgos en la literatura científica

En un estudio muy amplio, de reciente publicación, durante el cual se dio seguimiento a más de 91 000 participantes durante 28 años, se observó que quienes consumieron como mínimo media cucharada de aceite de oliva al día corrían mucho menos riesgo de mortalidad por enfermedades cardiovasculares, respiratorias o cáncer.

Durante el mismo estudio, se descubrió que el riesgo de mortalidad también disminuyó tras la sustitución de unos 10 g al día de margarina o mantequilla por aceite de oliva.

Haz un cumplido significativo

9

● Un par de segundos...

Sé generoso con tus elogios y da una opinión positiva a tus amigos: «Me gusta tu cabello», «¡Qué linda camisa!», «Eres un encanto». Este tipo de cumplidos no quitan nada de tiempo y no requieren mucho esfuerzo, aunque sí aportan excelentes resultados.

Los cumplidos sinceros y genuinos promueven un ambiente agradable, pero también fortalecen las relaciones, lo cual nos hace vivir más años. Hay que mencionar que, además, no solo la persona a quien van dirigidos los cumplidos se siente bien, tú también recibes una buena dosis de bienestar. La felicidad compartida significa doble felicidad.

Qué ocurre en nuestro organismo

Nuestras relaciones sociales son fundamentales para nuestra salud. Es un hecho. La amistad y la afinidad con otras personas disminuyen los niveles de estrés en el organismo. Nuestros sistemas de alerta permanecen en calma, la inflamación disminuye y el sistema inmunitario se fortalece. Así que cuida tus relaciones con cariño y delicadeza, porque son uno de los factores de salud más importantes de tu vida. La soledad puede acarrear consecuencias devastadoras, mientras que, si mantienes buenas relaciones, obtendrás todo lo contario, es decir, resultados positivos.

En periodos largos de soledad involuntaria, nuestro sistema de alerta se activa de manera continua. Esta respuesta al estrés provoca una inflamación que daña los vasos sanguíneos y todos nuestros órganos, lo cual da paso al padecimiento de diferentes enfermedades y a una muerte prematura. Se ha comparado este efecto nocivo con el tabaquismo, que reduce la esperanza de vida alrededor de diez años.

Por eso, los cumplidos son benéficos para todos, ya que tanto el emisor como el receptor experimentan una sensación de camaradería, al tiempo que las concentraciones de oxitocina y serotonina, las «hormonas de la felicidad», aumentan. Este estado de bienestar frena de manera muy eficaz las hormonas de estrés.

10 Trátate con más amabilidad

● Un par de segundos...

«¡Qué imbécil!». «Por Dios, ¡eres un tonto!». «¡Ya déjalo, no puedes hacer nada bien!». ¿Has escuchado esto antes? Es muy probable que tales palabras no provengan de otras personas, sino que tal vez este tipo de frases se deslicen varias veces al día entre los pensamientos que tienes de ti mismo.

Todos cometemos errores, lo cual, de hecho, significa una de las principales oportunidades para aprender nuevas conductas. Es muy común, sin embargo, que seamos severos con nosotros mismos por el más mínimo error, que nos desvaloricemos y nos convirtamos en nuestro peor enemigo. Con estas actitudes aumenta el estrés y muchas veces, sin motivo justificado, nos sentimos mal tanto en el plano mental como en el plano físico.

Para evitar eso, ¡aquí hay una solución rápida y muy eficaz para la mayoría! La próxima vez que tu crítico interior levante la voz, piensa en lo que le dirías a un amigo que se encuentre en la misma situación. Quizá: «Oye, nadie lo recordará dentro de cien años», o «Cariño, todos hemos hecho algo así. Eres bueno, ¿lo sabes?», o «Bueno, ya pasó, te arrepentiste, ofreciste disculpas y ahora sigamos adelante». También podrías mencionar: «¡Bah, no importa, te quiero como eres!».

Con este pequeño cambio, detendrás el estrés en pocos segundos.

Además, tienes una imagen positiva de ti mismo y reconoces tus aspectos favorables. Estás feliz. Alimentas tu esperanza por mejores resultados.

Qué ocurre en nuestro organismo

Cuando abandonas la negatividad y abrazas un sentido de benevolencia y amabilidad contigo mismo, el riesgo de padecer varias de las enfermedades endémicas disminuye. Las posibilidades de infartos de miocardio, accidentes cerebrovasculares, diabetes mellitus tipo 2, entre otras enfermedades, se reducen si eres más amable con tu persona.

La explicación tiene que ver con que el desánimo, la frustración y el estrés se contrarrestan y disminuyen, por lo tanto, las hormonas de estrés se van su-

primiendo en el organismo. Te sientes bien y el optimismo está más al alcance, es decir, tienes dos elementos saludables transcendentales.

En este contexto, faltan estudios a gran escala, pero en una investigación bien diseñada con aproximadamente 200 mujeres, se midieron los efectos de la concientización y la autocompasión. Asimismo, se observó que las mujeres con menos autocompasión presentaban cambios más pronunciados en el organismo, por ejemplo, aterosclerosis. Esto significa que la falta de autocompasión conlleva un riesgo mayor de desarrollar enfermedades cardiovasculares, con independencia de otros factores de riesgo como la hipertensión arterial sistémica o la hipercolesterolemia.

11

Prueba algo diferente en la mesa

● Un par de segundos...

Somos animales con costumbres y es muy fácil repetir el menú. Desde luego, no eres el único. Aunque, de hecho, la alimentación es un sector en el que muchos de nosotros podemos llevar a cabo cambios para impulsar nuestra salud.

La próxima vez que decidas sobre tu alimentación, reflexiona un poco acerca de las distintas opciones para variar la comida.

Aquí te brindamos algunos consejos:

- ✔ Prueba una fruta o verdura nueva.
- ✔ Cambia la papa, el arroz y la pasta por una mezcla de tubérculos, bayas de trigo, arroz salvaje o bulgur.
- ✔ Consume más pescado graso y proteínas vegetales.
- ✔ Cambia la mantequilla en el pan por hummus, frijoles refritos, o crema de cacahuate o de almendra.

¿Quién habría imaginado que la diversidad fuera tan relevante para la salud? En realidad, muy pocos, pues los efectos de la variedad alimenticia son un conocimiento muy reciente. Además, esta recomendación es un microhábito, así que no cambiarás por completo tu dieta, basta con probar algo diferente de vez en cuando.

Qué ocurre en nuestro organismo

Nuestros cuerpos han evolucionado a lo largo de cientos de miles de años para una supervivencia continua y mejorada. De esta manera, numerosos procesos en nuestro organismo se han ido perfeccionando y especializando.

En esta infinidad de procesos participan diferentes sustancias necesarias, cuya obtención proviene, en su mayoría, de la ingesta de una alimentación variada. Así, el organismo podrá funcionar de manera óptima, ya que se construye y reconstruye, el sistema inmunitario se fortalece y se protege contra procesos infecciosos, cáncer, entre otros. Así, ¡la disposición de todos los componentes básicos favorece una construcción satisfactoria!

12

Agradece con todo tu corazón

● Un par de segundos...

Cuando se siente y expresa gratitud, las relaciones se fortalecen, lo cual, como ya vimos, prolonga la vida. El agradecimiento genuino es muy distinto a un «Gracias» rutinario, en el que no existe un registro real del motivo por el cual se agradece. Estas dos situaciones —sentir y expresar gratitud— provocan dos respuestas emocionales distintas, tanto en ti como en el receptor. Es decir, «matas dos pájaros de un tiro».

Agradece más a menudo y con más sinceridad. Por ejemplo, si recibes un cumplido, ¿cuántas veces lo rechazas? ¿Por qué no empiezas a decir: «¡Oh, gracias, me haces feliz!»? Agradecer es un suavizante social que sirve tanto para quienes te rodean como para ti, al tiempo que la gratitud aumenta el optimismo. Cuando alguien te agradece, asúmelo; ¡siéntete feliz y satisfecho!

Hallazgos en la literatura científica

Un estudio de Harvard descubrió que el agradecimiento fortalece las relaciones personales, y otras investigaciones reafirman esta conexión. Por ejemplo, un estudio de parejas mostró que quienes se tomaban el tiempo de expresar gratitud a su pareja tenían una actitud más positiva hacia el otro, pero además se sentían más cómodos cuando manifestaban sus sentimientos respecto de la relación. Además, las investigaciones señalan que el agradecimiento aumenta la empatía y disminuye la agresividad.

En otro estudio sobre lo que sucedía en el ámbito laboral, se observó que aquellos superiores jerárquicos que agradecían con frecuencia a su personal notaban una mayor motivación entre sus colaboradores.

13

Siéntate junto a la ventana

● Un par de segundos...

¿Pasas todo el día al aire libre, los 365 días del año? No, eso pensaba. La mayor parte de nosotros pasamos nuestros días en interiores, en entornos urbanos o en una oficina con poca iluminación.

Cuando necesites un lugar para descansar un rato, busca un espacio libre junto a una ventana. Este hábito simplemente se trata de eso, y es un truco fácil para recibir un poco más de luz diurna, para obtener todos sus efectos y, sobre todo, para dormir mejor. La proporción de luz que se filtra a través de un cristal oscila entre 75 y 90%, así que abre las cortinas, y siéntate junto a la ventana, o incluso con la ventana abierta, para así absorber la luz. ¡Compruébalo!

Hallazgos en la literatura científica

En una revisión sistemática realizada en 2022, los investigadores concluyeron que existe un nexo claro entre la cantidad de horas de luz diurna y la calidad de sueño de las personas. Una exposición a un mayor número de horas de luz solar supone menos alteraciones del sueño de diversa índole.

La luz diurna ayuda a regular el ciclo circadiano, por lo que una exposición abundante genera efectos positivos sobre los patrones del sueño, su duración y su calidad, lo cual, a su vez, mejora la salud.

Además, ¡la luz aumenta el rendimiento y el bienestar! Por ejemplo, se ha demostrado que una mejor iluminación en el entorno escolar mejora el rendimiento tanto a corto como a largo plazo. En el ámbito sanitario, se ha observado que los pacientes con estados depresivos se recuperan con mayor rapidez en clínicas con buen acceso a la luz natural, hasta el punto en que ya no necesitan atención médica.

14

Sustituye la carne

● Un par de segundos...

→ Sustituye la carne por proteínas vegetales. Como notarás, ¡es tan fácil, en general, aumentar la esperanza de vida!

¿Quieres saber con qué alimentos obtienes proteínas de origen vegetal? Prueba lo siguiente:

- ✔ frijoles
- ✔ lentejas
- ✔ garbanzos
- ✔ avena
- ✔ soya
- ✔ germinado de trigo
- ✔ semillas de linaza
- ✔ nueces
- ✔ verduras

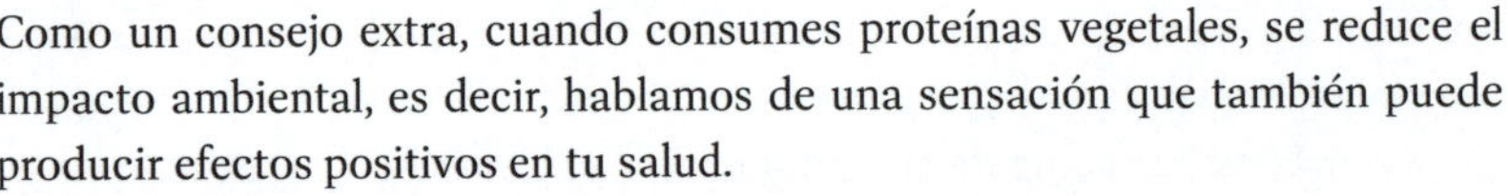

Como un consejo extra, cuando consumes proteínas vegetales, se reduce el impacto ambiental, es decir, hablamos de una sensación que también puede producir efectos positivos en tu salud.

Hallazgos en la literatura científica

En 2020, un equipo de investigadores concluyó que vivimos más años si sustituimos la carne por proteínas vegetales.

Una modificación de tan solo un 3% en la ingesta energética total de carne por proteínas vegetales redujo la mortalidad por cualquier causa en un 5%. Si se continuaba aumentando la proporción de proteínas vegetales, la mortalidad también disminuía de manera proporcional. A este resultado llegó el equipo de investigadores tras una amplia revisión sistemática que abarcó más de 715 000 participantes.

15 Reduce el número de pasos en tu celular

● Un par de segundos...

Se repite con demasiada frecuencia que hay que caminar por lo menos 10 000 pasos al día para obtener beneficios para la salud. Para muchas personas, esta cifra puede parecer estresante: «¡Es de noche y apenas llevo 8 000 pasos!», y entonces salen a caminar alrededor de la cuadra para cumplir con los últimos 2 000 pasos.

Sin embargo, basta con mucho menos para conseguir efectos notables. La caminata es tan poderosa, incluso con menos pasos, que resulta ser un seguro de vida excelente y, además, no tiene costo. Reduce el número de pasos en tu celular o reloj inteligente a una cifra que te convenga y que puedas incorporar a tu estilo de vida sin provocarte estrés ni la sensación de fracaso. Así, aumentarás la posibilidad de mantener este hábito de caminar. Luego, cuando escuches la señal de que llegaste a la meta del día, ¡siéntete satisfecho! Acabas de prolongar un poco más tu vida.

Hallazgos en la literatura científica

En un estudio realizado a 16 741 mujeres con una edad promedio de 72 años, se descubrió que quienes caminaron 4 400 pasos al día presentaban tasas de mortalidad más bajas en comparación con aquellas participantes que caminaron 2 700 pasos. Un pequeño aumento de pasos se tradujo en una tasa de mortalidad aún más baja, hasta unos 7 500 pasos más diariamente, con lo cual la curva se estabilizó. Los beneficios para la salud no se vieron afectados por la velocidad de la marcha ni si caminaban en varias ocasiones en el transcurso del día o se trataba de un paseo continuo.

Un estudio reciente realizado en Reino Unido, en el cual se le dio seguimiento a 78 500 individuos durante un promedio de siete años, mostró los mismos resultados para un grupo de personas mayores de 60 años. En consecuencia, se observó una reducción aún más grande de la morbilidad y la mortalidad por enfermedades cardiovasculares y cáncer entre el grupo de personas menores de 60 años si caminaban entre 8 000 y 10 000 pasos al día. El efecto era mayor; sin embargo, se registra solo si se empieza a caminar tras una vida sedentaria.

Di que no

● Un par de segundos...

¿Existe algún otro término preferido para los niños que la palabra «no»? No. En realidad, es una palabra muy útil, la cual los adultos deberíamos volver a descubrir y apreciar.

¿Realizas demasiadas actividades al mismo tiempo? ¿Hace mucho que no tienes tiempo para ti, que no incrementaste tu frecuencia cardiaca con algo distinto al estrés o que hiciste algo que te aportara bienestar? Intenta priorizar tu salud con la palabra «no».

Es una expresión única. ¿Te parece difícil? Entonces intenta con la frase: «Déjame pensarlo».

Hallazgos en la literatura científica

Las situaciones sobre las que se tiene poco control y gestión provocan estrés. El dominio de la situación forma parte de la lucha contra ese estrés. Por ejemplo, una oleada temporal de tensión puede ser positiva y brindar fuerzas para solucionar cierto problema. No obstante, si el aumento se vuelve duradero, todo el organismo sufre. Lo anterior depende del incremento de la concentración de hormonas de estrés que circulan por el cuerpo, lo que conduce a un mayor nivel de inflamación, cuya duración puede ser de semanas, meses o, tal vez, hasta años. Con el tiempo, el sistema inmunitario, el corazón, el cerebro y otros órganos experimentan daños, al mismo tiempo que se presentan alteraciones vasculares. A su vez, esto lleva a un riesgo más alto de desarrollar enfermedades endémicas, como la diabetes mellitus tipo 2, las enfermedades cardiovasculares y el alzhéimer.

Muchos investigadores comparan los efectos perjudiciales del estrés con el tabaquismo, el cual acorta la vida unos diez años. Así que las razones para decir «no» son más que suficientes.

17 Come primero la ensalada

● Un par de segundos...

No dejes pasar ningún alimento por la línea de «salida» antes de ingerir las verduras, mejor ¡come primero la ensalada!

Este hábito es asombrosamente sencillo. No es necesario consumir más verduras para conseguir un resultado enorme; el orden es lo que realmente importa.

Si consumes primero cualquier vegetal, envías fibra como un tipo de delantera ante el resto de la comida. La glucemia se estabiliza y tu salud mejora con ese pequeño cambio.

Hallazgos en la literatura científica

En una revisión sistemática en 2022, los 11 informes científicos incluidos señalaron un efecto positivo sobre la glucemia si se comían los alimentos en el orden aquí expuesto. El consumo inicial de los vegetales, seguido de los hidratos de carbono, promovía que la glucemia se mantuviera más baja después de la comida que si se ingerían los mismos alimentos en orden inverso. Del mismo modo, la producción de insulina es menor. Por lo tanto, comer los vegetales como entrada tiene un efecto protector contra los picos de glucemia después de las comidas y disminuye el riesgo tanto de inflamación como de una salud deficiente.

18

Ponte de pie, por el bien de tu salud

● Un par de minutos...

Lo que te contaremos en este capítulo se podrá resumir con la siguiente noción: si el vaso está medio lleno o medio vacío. También está la versión negativa: nuestro estilo de vida contemporáneo nos obliga a permanecer sentados durante varias horas seguidas, lo cual es nocivo para la salud.

Es fácil crear titulares alarmantes del peligro que supone lo anterior para la vida: «Permanecer sentado es tan nocivo como fumar más de diez cigarros al día», por ejemplo. Nosotros, sin embargo, preferimos pensar que el vaso está medio lleno: se necesita muy poco para remover por completo este factor de riesgo en nuestras vidas.

Basta con ponerse de pie. Después de estar sentado unos treinta minutos, ponte de pie durante un minuto o dos. No se necesita más para obtener un gran efecto. Aprovecha ese momento para disfrutar una taza de café, conversar con un compañero de trabajo o, incluso, acariciar a tu gato. Recuerda que, justo en este momento, estás prolongando tu vida.

Hallazgos en la literatura científica

La inmensa mayoría de nosotros tenemos un enorme potencial de mejora a partir de una clave sorprendentemente sencilla.

Si de vez en cuando interrumpes el estilo de vida sedentario, entonces los efectos sobre tu salud y tu esperanza de vida son enormes. Si te levantas durante uno o dos minutos, marcarás la diferencia, y si además caminas un poco o realizas unas cuantas sentadillas, obtendrás aún mejores beneficios para tu salud. Reducirás la inflamación en tu cuerpo y el riesgo de padecer una serie de afecciones, por ejemplo, enfermedades cardiovasculares, diabetes mellitus tipo 2 y cáncer.

Reiteramos: lo único que tienes que hacer es ponerte de pie para prolongar tu vida.

19 Piensa en aquello por lo que sientes gratitud

● Un par de minutos...

Es muy fácil creer que desde que naciste eres solo como Igor o como Winnie Pooh, y se acabó. Eres como eres, y no hay nada que puedas hacer al respecto. Eso no es verdad. No solamente tienes el control, sino que fácilmente puedes vivir más años si tu cerebro desarrolla la capacidad de ser optimista.

Una manera sencilla y eficaz de lograrlo es escribir un diario de gratitud:

1. Piensa en tres situaciones por las cuales sientes gratitud el día de hoy.
2. Anótalas en un cuaderno bonito, en un papel pegado a la puerta de tu refrigerador o en tu teléfono celular.
3. Empieza así: «Hoy siento gratitud por...».

De esta manera, las buenas experiencias acarrean un beneficio doble. Primero, cuando las experimentes; luego, cuando las registres disfrutarás de otro coctel positivo de neurotransmisores mensajeros de bienestar. Puedes anotar situaciones importantes o minúsculas, lo que refleje tu día. Tal como es la vida. Algunos días escribirás: «Siento gratitud porque sé que todo irá mejor cada día». Eso también ayuda. De hecho, este ejercicio genera un mayor cambio para quien esté pasando por momentos difíciles.

Hallazgos en la literatura científica

El optimismo aporta muchos beneficios. Un estudio de gran alcance, el cual incluyó a 69 000 mujeres y 1400 hombres, a quienes se les dio seguimiento durante treinta años, reveló que las mujeres optimistas vivían casi un 15% más en comparación con las mujeres que mostraron el menor grado de optimismo. En el caso de los hombres, el equivalente fue una vida un 11% más larga. Además, aumentó su esperanza de vida hasta los 85 años o más en comparación con aquellas personas que mostraron un menor grado de optimismo. Al parecer, las personas optimistas controlan sus emociones con mayor facilidad, lo cual disminuye la propensión al estrés, con las consecuentes repercusiones para la salud.

20 Platica con alguien

● Un par de minutos...

Ha llegado el momento de terminar colectivamente con la expresión «charla trivial», porque este hábito está tan infravalorado y el término es tan erróneo que a partir de ahora será motivo de vergüenza. Las conversaciones informales nos aportan mayor calidez de lo que nos podemos imaginar.

Una breve conversación con alguien nos recuerda que compartimos una experiencia vital en ese mismo momento, que somos iguales y no estamos solos. Entonces, ¿te puedes imaginar qué ocurre? Así es, las hormonas de la felicidad empiezan a circular y los procesos sanadores se ponen en marcha.

Lo mismo sucede con la persona con quien conversas, e incluso tal vez con las demás personas con quienes te encuentras en el transcurso del día. Imagina esto como un maravilloso regalo para ti y para los demás.

Y ¡baja tus estándares! Habla de cualquier tema, sonríe, pregúntale a alguien que esté esperando el camión si cree que este llegará pronto, conversa un poco en la fila del supermercado o cuando compras un café. ¡Eso es más que suficiente!

Hallazgos en la literatura científica

¿Alguna vez te has preguntado qué hace feliz a la gente? Resulta que no se trata de cuestiones relacionadas con la condición social como un puesto de trabajo con título, un automóvil deportivo con un motor ruidoso, decenas de miles de seguidores en redes sociales, la apariencia física, la riqueza o las múltiples actividades. No. De acuerdo con investigaciones de Harvard, que se han desarrollado a lo largo de más de 85 años, nuestras relaciones representan la clave de una vida exitosa.

Con base en este estudio, los investigadores incluso afirman que tus relaciones con otras personas son lo único trascendente en la vida. Cuando compartimos un momento con alguien más, experimentamos una conexión íntima y vital, y eso nos hace sentir bien.

21

Sírvete un poco de todo en el *buffet* de ensaladas

● Un par de minutos...

¿Cuántas veces has escuchado sobre la importancia de comer frutas y verduras? Durante mucho tiempo se ha hecho hincapié en la cantidad, empero ahora los investigadores insisten cada vez más en la variedad.

Así que, en lugar de comer las mismas tres manzanas o zanahorias todos los días para lograr la cantidad recomendada, puedes tomar un atajo y conseguir así efectos en verdad agradables. La combinación de diferentes frutas y verduras se traduce en una experiencia mágica. La diversidad mejora tu salud muy rápido.

Un truco muy sencillo para ingerir diferentes tipos de alimentos vegetales es la ingesta de un poco de todo el surtido de ensaladas a la hora de la comida. Es decir, procura servirte un poco de todo. Si quieres resultados positivos aún mayores, entonces cuenta todos los alimentos vegetales que consumes al día.

Hallazgos en la literatura científica

Actualmente existen varios estudios que indican que la dieta mediterránea es muy saludable. Se caracteriza por ser una dieta variada en lo que se refiere a frutas y alimentos vegetales. En una revisión sistemática de 2021, se concluyó que el modelo mediterráneo favorece un envejecimiento saludable y debería considerarse uno de los objetivos de políticas sanitarias.

En un estudio italiano, se realizó un seguimiento a 642 personas durante veinte años y se concluyó que aquellos individuos que siguieron las recomendaciones de la dieta mediterránea presentaban tasas de mortalidad más bajas.

En un estudio publicado en 2022 en *The Lancet*, la prestigiosa revista médica, se comparó la dieta mediterránea con una dieta baja en lípidos. Se descubrió que la mediterránea se traducía en una mejor prevención de enfermedades cardiovasculares graves.

22 Piensa cariñosamente

● Un par de minutos...

Este pequeño ejercicio potencia el efecto que existe con todos nuestros contactos sociales. En otras palabras, unos minutos de manera periódica favorecerán la obtención de una buena dosis de hormonas de la felicidad, las cuales nos permiten vivir más años. Y únicamente se requiere pensar.

Haz lo siguiente:

1. Siéntate en un lugar cómodo sin nada que te distraiga.
2. Cierra los ojos y haz una respiración profunda, mientras introduces el aire hasta el estómago.
3. Agradécete por realizar este ejercicio.
4. Imagina que eres empático y cariñoso con los demás. Pon atención en las sensaciones experimentadas cuando realizas lo anterior.
5. Piensa en la gente a tu alrededor, personas conocidas, personas desconocidas, y en ti mismo, y expresa en voz alta: «Te deseo entereza para afrontar todos tus problemas. Te deseo felicidad, prosperidad y buena salud. Quiero que te vaya bien. Deseo que siempre te rodees de personas que te amen y que se preocupen por ti».
6. Mientras pronuncias estas palabras, reflexiona sobre su verdadero significado y tus sensaciones cuando manifiestas y escuchas estos cálidos deseos.

En este momento te acabas de sumergir en un mar de hormonas de la felicidad como la dopamina, la serotonina y las endorfinas. Basta con que lo practiques unos instantes, de hecho, ¡te llevará tan solo dos minutos! Como en el caso de la mayoría de nuestros microhábitos, no necesitas esperar para darte cuenta del resultado; notarás los efectos después de unos pocos días, tal vez de inmediato. ¿Te gustaría un resultado aún mayor? Tómate un momento después del ejercicio para reflexionar sobre tus sensaciones. Así de fácil recibirás otra dosis.

Qué ocurre en nuestro organismo

La mayoría de nuestras hormonas de la felicidad se produce en los intestinos, mientras que el nervio vago, el más largo del organismo, se conoce como el enlace más directo entre los intestinos y el cerebro. Su estimulación reduce la inflamación, promueve la relajación y mejora el estado de ánimo.

Este ejercicio activa una reacción en cadena de optimismo y empatía. Hay estudios que demuestran que esta amorosa y bondadosa meditación aumenta el tono vagal y potencia los efectos buenos en todas nuestras relaciones sociales.

23 Usa hilo dental

● Un par de minutos...

¿Sabías que regalarte dos minutos al día bastan para alargar tu vida? Parece una idea casi ridícula, pero, según las investigaciones, es la verdad. Y verás lo fácil que es. Después de comer por última vez al final del día, toma el hilo dental o el cepillo interdental y limpia los espacios entre tus dientes. Realiza esta actividad con regularidad y agregarás unos años a tu vida.

Tip: ¿Crees que se te olvidará? Coloca el hilo dental en un lugar específico, por ejemplo, en un recipiente bonito y vistoso en el estante debajo del espejo o en el mueble del lavabo, donde resulte imposible no verlo cuando te prepares para tu aseo personal por la noche.

Hallazgos en la literatura científica

Si tus encías sangran cuando te cepillas los dientes, es una señal de inflamación y, por lo tanto, un mayor riesgo de padecer diversas enfermedades. Incluso se ha observado que los telómeros, los extremos de los cromosomas, se acortan como consecuencia de la inflamación de las encías. Mientras más cortos son los telómeros, menor es la esperanza de vida.

Sin embargo, un par de minutos al día es suficiente para cambiar esta situación. Limpia el espacio entre los dientes por las noches, porque es allí donde la inflamación y las bacterias pueden proliferar si no haces nada al respecto. No las dejes crecer: ¡utiliza hilo dental para prolongar tu vida!

Si se detiene la inflamación bucal, se reduce el riesgo de sufrir una larga lista de enfermedades, entre ellas:

- ✔ infarto de miocardio
- ✔ diabetes mellitus tipo 2
- ✔ hipertensión arterial sistémica
- ✔ enfermedades respiratorias
- ✔ alzhéimer

24 Come una fruta

● Un par de minutos...

¡Agarra lo más colorido de la canasta de frutas y come! Es una forma muy rápida de ingerir antioxidantes. De preferencia, escoge la fruta con el color más intenso y, cuando sea posible, come también la cáscara. Este tipo de fruta suele estar llena de antioxidantes del mejor tipo. Una fruta es muy buena como colación o, por qué no, para sustituir la comida chatarra o el pan dulce cuando te llega el antojo. Selecciona frutas de diferentes colores, prueba nuevas variedades y disfruta de las frutas de temporada. Si es posible que compres alternativas orgánicas, opta por ellas.

Hallazgos en la literatura científica

¡Con un poco es suficiente! En un estudio amplio que se llevó a cabo durante más de diez años en 18 países diferentes, se observó que el riesgo de mortalidad por accidente cerebrovascular e infarto de miocardio, así como la mortalidad en general, se redujo notablemente entre las personas que consumieron frutas y verduras. El efecto máximo se obtuvo al ingerir 375-500 g de frutas y verduras por día. Sin embargo, se observaron efectos positivos con 375 g por día.

Este estudio data ya de 2017, pero está muy bien diseñado, es muy alentador y está respaldado por varios estudios más recientes, así que decidimos incluirlo.

Dale unas microvacaciones al cerebro

25

● Un par de minutos...

Al igual que un músculo que trabaja de manera ardua durante un largo periodo, el cerebro necesita una micropausa después de mucho trabajo mental. Detente, deja lo que estás haciendo y baja los hombros. Despeja tu mente y permite descansar a tu cerebro por un momento. Voltea la cabeza y mira por la ventana, ponte de pie y ve por un café o realiza un paseo corto. Particularmente, esto es más eficaz cuando estás muy ocupado. Mientras más pensamientos tengas del tipo «Necesito unas vacaciones», más poderosas serán este tipo de pausas.

Mucha gente experimenta tanto estrés interno —debido a experiencias difíciles— como estrés externo ante acontecimientos que pueden escapar a su control. El estrés, además, puede ser duradero. Por eso, es muy importante que le otorgues un poco de descanso a tu cerebro; de preferencia hazlo varias veces en el transcurso del día. En cada oportunidad, los niveles de estrés disminuirán de inmediato. ¿No te sientes mejor simplemente por conocer esta información?

Hallazgos en la literatura científica

Las micropausas promueven la disminución de la inflamación en el organismo, lo cual, a su vez, reduce el riesgo de padecer diversas enfermedades, así lo confirmó una exhaustiva revisión de estudios. Algunas enfermedades que pueden prevenirse gracias a las micropausas son las siguientes:

- ✔ hipertensión arterial sistémica
- ✔ infarto de miocardio
- ✔ insuficiencia cardiaca
- ✔ cáncer
- ✔ obesidad
- ✔ diabetes mellitus tipo 2
- ✔ alzhéimer

26

Acompaña el café con un trozo de chocolate amargo

● Un par de minutos...

¿Te gustaría acompañar el café (o el té) con algo delicioso? Los trozos de chocolate amargo son pequeñas bombas de antioxidantes.

Además, pueden mejorar tu sensación de felicidad, aportan energía rápidamente y contrarrestan el cansancio crónico.

Así que, si te sientes cansado y decaído, ingiere un trozo de chocolate amargo o dos. El chocolate debe tener al menos 70% de cacao o más. De esa manera, de uno a tres trozos por día te proveerán con una buena cantidad de antioxidantes. ¿Quién dijo que mejorar tu salud no puede ser al mismo tiempo fácil y delicioso?

Hallazgos en la literatura científica

En un estudio sistemático, se le dio seguimiento a más de 27000 hombres durante treinta años. El riesgo de mortalidad por enfermedades cardiovasculares se redujo un 13% mientras que el riesgo de mortalidad por cáncer disminuyó un 12% en los participantes con mayor consumo de chocolate, en comparación con los hombres que tenían menor consumo.

Los antioxidantes del chocolate contribuyen a un efecto antiinflamatorio que, según varias investigaciones, protege tanto contra las enfermedades cardiovasculares como contra el cáncer.

Por otra parte, algunos estudios han demostrado que el chocolate puede tener un efecto positivo contra la ansiedad y la depresión. Esto a su vez depende de que el chocolate contenga triptófano, el cual es un componente del neurotransmisor serotonina.

27 Haz limpieza profunda

● Un par de minutos...

Todos somos conscientes de los efectos positivos que aparecen con el aumento del ritmo cardiaco; sin embargo, no se requiere de manera forzosa una sesión en el gimnasio o correr varios maratones. Algunos momentos breves de intensidad física alta también repercuten de forma significativa sobre la salud. Esto significa que puedes aprovechar pequeños lapsos en tu vida cotidiana, por ejemplo, cuando recoges todos los juguetes esparcidos que tus hijos tiraron en el piso, acomodas las compras, juntas la ropa sucia para lavarla, trapeas o pasas la aspiradora, de esa forma incrementas el ritmo del mismo modo que se aumentaría la velocidad de un tocadiscos. Este tipo de actividades eleva la frecuencia cardiaca, lo cual es saludable para ti y al mismo tiempo mejoras el aspecto de tu casa. En resumen, «matas dos pájaros de un tiro».

Puedes convertir la recomendación anterior en un juego, para ello programa el temporizador por uno o dos minutos y constata lo que lograste recoger o limpiar en ese breve periodo.

¿No parece facilísimo?

Hallazgos en la literatura científica

En un estudio realizado en 2022, con más de 25 000 participantes, se demostró que las personas que no hacían ejercicio y empezaron a realizar tres microsesiones de uno a dos minutos al día para mejorar la frecuencia cardiaca obtuvieron enormes resultados, como los siguientes:

- ✓ Reducción entre un 38 y 40% en el riesgo de mortalidad por cualquier causa, incluido el cáncer.
- ✓ Reducción entre un 48 y 49% en el riesgo de mortalidad por enfermedades cardiovasculares.

En otras palabras, un total de tres a seis minutos de actividad física intensa al día puede reducir el riesgo de muerte prematura alrededor de un 40%. Incluso si ya te ejercitas bastante, este hábito puede mejorar tu salud de manera considerable.

Flexiona los músculos

● Un par de minutos...

→ Cierra bien la tapa de dos botellas de plástico, o de dos botes de yogur, y agarra una con cada mano.

El entrenamiento muscular tiene un efecto mucho más positivo sobre la salud de lo que se pensaba. En el pasado, se consideraba que el entrenamiento cardiovascular era lo único con una influencia provechosa para la salud. Actualmente, estamos aprendiendo la importancia de ejercitar los músculos y también lo poco que se necesita para lograrlo. La musculatura contribuye a tener un cuerpo más saludable, pero también aumenta tus posibilidades de vivir una vida más larga. No hace falta ir al gimnasio para aprovechar tus músculos; utiliza lo que tengas en casa. Por ejemplo, revisa el refrigerador y busca algún objeto pesado que se pueda sostener con una mano y listo. O carga las bolsas del supermercado llenas de despensa hasta tu casa. No importa el tipo de entrenamiento que realices, ya que cualquier actividad que aumente la masa muscular es útil.

A continuación te presentamos algunos movimientos rápidos que puedes hacer con el empaque de la leche:

- ✔ Levanta los brazos y estíralos hacia adelante a la altura de los hombros.
- ✔ Levanta los brazos y estíralos hacia los lados a la altura de los hombros.
- ✔ Levanta los brazos arriba de la cabeza y estíralos hacia arriba.

La cantidad de levantamientos no es importante, lo que realmente cuenta es que se cansen los músculos.

Hallazgos en la literatura científica

La ciencia por fin se está fijando en nuestros músculos, un órgano antes olvidado. Varios estudios de gran alcance enumeran los efectos positivos del entrenamiento muscular en la salud.

Una revisión sistemática con 382 000 participantes reveló algunos resultados interesantes. Las personas que hacían entrenamiento de fuerza redujeron en un 21% el riesgo de muerte prematura. Además, un grupo de hombres que se ejercitaba como mínimo una hora por semana disminuyó un 23% el riesgo de sufrir un infarto de miocardio, en comparación con aquellos que no se ejercitaban.

En otro grupo, asimismo, se registró un efecto antihipertensivo. Una intensidad moderada en el ejercicio y tres sesiones por semana fueron suficientes. El efecto positivo aumentó con la edad de la persona. Es decir, si padeces hipertensión arterial sistémica, comienza con entrenamiento de fuerza.

Un estudio con 12 591 participantes con una edad promedio de 47 años, a quienes se les dio seguimiento después de diez años, mostró que el entrenamiento de fuerza durante únicamente una hora por semana redujo el riesgo de infarto de miocardio o de muerte prematura hasta 70%. ¡Un efecto significativo para un esfuerzo tan limitado!

En otro estudio, realizado con 215 000 participantes, se encontró que el riesgo de padecer cáncer de colon disminuyó y, en cierta medida, también de carcinoma renal.

En Canadá, un estudio exhaustivo de gran alcance demostró que las personas que hacían entrenamiento de fuerza tuvieron 21% menos riesgo de muerte prematura. Si además se combinaba con entrenamiento cardiovascular, el riesgo se reducía hasta un 40%. Por otro lado, el estudio reveló otros beneficios importantes para la salud, por ejemplo, una reducción del riesgo de infarto de miocardio.

Este mismo estudio se vuelve aún más interesante cuando se analiza el tiempo destinado para entrenar de los participantes. ¡El esfuerzo físico no parecía jugar un papel específico! La reducción de los riesgos era la misma si habían entrenado una sola vez por semana o varias. El mayor efecto se obtuvo con una sesión de ejercicio a la semana. Dos sesiones a la semana mejoraron el resultado un poco y con tres sesiones a la semana los resultados mejoraron un poco más. Es curioso que no hubo diferencias significativas.

En otras palabras, un entrenamiento muscular a la semana es suficiente para aprovechar al máximo los beneficios en tu salud. El peso o el número de veces que levantes peso no es relevante siempre que lo hagas hasta que los músculos se cansen.

Consume pan integral

● Un par de minutos...

En tu intestino se libra una batalla incesante entre las bacterias benéficas y las perjudiciales, lo que influye en nuestra salud. Puede parecer un poco aterrador, pero tú puedes influir sobre la victoria de un equipo u otro en función de los alimentos que ingieres.

Si comes muchos alimentos procesados, productos azucarados y comida chatarra, las bacterias perjudiciales le anotan un golazo a tu salud. En cambio, si prefieres fortalecer las bacterias que trabajan duro para mejorar tu salud, entonces come alimentos ricos en fibra.

Una manera rápida y sencilla de añadir fibra para el equipo de «las bacterias buenas» es comiendo un sándwich de pan duro a base de cereales integrales. También puedes encontrar algunos consejos adicionales en la lista de la página 75.

Hallazgos en la literatura científica

Hay muchas investigaciones sobre las bacterias intestinales. Las benéficas juegan un papel esencial para tu sistema inmunitario, la producción de serotonina, importante neurotransmisor, y otros varios procesos en tu organismo. ¡Debes ayudarlas de todas las formas posibles! ¡Menos mal que es fácil!

En un estudio publicado en 2019, en *The Lancet,* durante el cual se le dio seguimiento a 135 000 000 de personas, los investigadores compararon las tasas de morbilidad y mortalidad con la cantidad de fibra ingerida por los participantes. Se encontró que las personas con mayor ingesta de fibra presentaron entre un 15 y 30% menos riesgo de padecer enfermedades cardiovasculares, accidente cerebrovascular, diabetes mellitus tipo 2 y cáncer de colon, en comparación con los participantes que tuvieron una ingesta menor de fibra. La interpretación establece que la fibra contribuyó a una microbiota intestinal saludable, lo que, a su vez, tuvo un efecto positivo en la salud de los participantes. Al parecer, la ingesta óptima de fibra por día oscilaba entre los 25 y 29 g (en Suecia, la recomendación indica de 25 a 35 g por día). Los suecos, en promedio, consumen 20 g de fibra por día, así que aquí se puede lograr una rápida victoria con un cambio menor.

Cuatro variedades de fibra con características benéficas:

Pectina: se encuentra en manzanas, ciruelas, arándanos y plátanos sin madurar.

Inulina: está presente en las cebollas, los espárragos y las alcachofas.

Almidón resistente: se encuentra en semillas, legumbres y tubérculos crudos.

Betaglucanos: están presentes en la cebada y la avena.

Haz una pausa y ejercítate

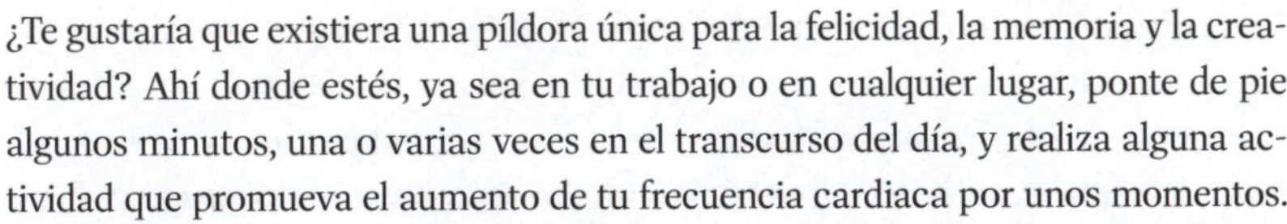

● Cinco minutos...

¿Te gustaría que existiera una píldora única para la felicidad, la memoria y la creatividad? Ahí donde estés, ya sea en tu trabajo o en cualquier lugar, ponte de pie algunos minutos, una o varias veces en el transcurso del día, y realiza alguna actividad que promueva el aumento de tu frecuencia cardiaca por unos momentos.

No importa lo que hagas. Cada uno practica tareas muy diferentes. Por ejemplo, a Bertil le gusta hacer unas cuantas sentadillas, zancadas y flexiones. En cambio, Linn opta por bailar libremente o saltar en el lugar donde esté. En cualquier caso, de lo que se trata es de aumentar el ritmo cardiaco durante unos minutos, por lo que toda actividad conducente es bienvenida.

Tu jefe inmediato estará encantado con los efectos obtenidos tanto en tu productividad como en tu creatividad. Y, en particular, nosotros te animamos a hacerlo por los enormes beneficios para tu salud.

Qué ocurre en nuestro organismo

¡Este hábito aportará un coctel increíble de hormonas de la felicidad!

Cada vez que elevas el ritmo cardiaco, fomentas la producción de varios tipos de hormonas que influyen en el funcionamiento cerebral, como estas:

- ✔ Serotonina: brinda tranquilidad, satisfacción, fuerza interior.
- ✔ Dopamina: estimula la motivación, la alegría y el bienestar.
- ✔ Noradrenalina: nos hace sentir activos y con mucha energía, al mismo tiempo que mejora nuestra sensación de alerta y de atención.
- ✔ Endorfinas: aumentan la sensación de bienestar, ya que actúan en el organismo como si se tratara de morfina.

Este estímulo llega rápidamente y dura varias horas. Además, los ejercicios que aumentan la frecuencia cardiaca reducen el riesgo de padecer de 30 a 40 afecciones graves, como las enfermedades cardiovasculares, diabetes mellitus tipo 2, depresión y varios tipos de cáncer. También genera una mejor resistencia al estrés. ¡Y este maravilloso «tratamiento» es totalmente gratis!

31

Habla con alguien que parezca estar solo

● Cinco minutos...

Una sola persona no es totalmente fuerte. Nos necesitamos el uno al otro, así es como podemos sentirnos seguros; las hormonas de la felicidad aumentan, al tiempo que las hormonas del estrés disminuyen. Cuando estamos acompañados, nos sentimos bien y vivimos más años. Por el contrario, la soledad crónica e involuntaria, literalmente, es una amenaza para la vida.

Si ves a alguien que parece estar solo —el vecino que no vive con otra persona y no recibe tantas visitas, una persona indigente a quien todos pasan por delante, o unos padres en el supermercado que cargan a su hijo con discapacidad, regálale una sonrisa, un saludo, un comentario de cualquier tipo. ¿O por qué no le invitas una taza de café? Así de fácil puedes ayudar a alguien a sentirse mejor. Además, también tú te sentirás mejor al tender una mano a quien lo necesite.

Hallazgos en la literatura científica

Frome, una localidad británica, empezó a trabajar de forma activa para que sus habitantes se sintieran menos solos y los resultados fueron sorprendentes. Las visitas a los servicios de urgencias disminuyeron un 14%, mientras que el número de citas generales en el sistema sanitario de la región aumentó un 28.5%. La ciudad invirtió mucho dinero en ayudar a las personas para que no se sintieran solas, y por cada libra invertida los costos sanitarios se redujeron seis libras. Asimismo, una mayor solidaridad y consideración han contribuido a fortalecer la seguridad del centro de la ciudad, así como su atractivo para residir en ella.

Ya que estamos tratando el tema, aprovechamos la oportunidad para poner fin a un mito estigmatizador sobre la soledad. Varios estudios han demostrado que las personas que se sienten solas no son especímenes raros en comparación con los demás. No se diferencian de otras personas en términos de inteligencia, atracción física, edad, educación o habilidades sociales. En otras palabras, cualquier persona puede sufrir de soledad crónica.

Si alguien está solo, no significa que sea raro o socialmente inhábil. Puede tratarse solamente de un infortunio que pudo acarrear más soledad, pues con el tiempo se pierden las habilidades sociales. Es por ese motivo que si conversas con alguien solitario, el hecho puede ser sumamente significativo para ambos.

32

Bebe una taza de café

● Cinco minutos...

¡Felicidades! Probablemente, ya tienes este hábito. En algunas regiones, como en Suecia, bebemos mucho café y esta es una buena forma de obtener antioxidantes, los cuales, entre otras cosas, disminuyen el riesgo de enfermarnos y ralentizan el envejecimiento. Siempre y cuando el café te haga sentir bien, es decir, mientras no te cause malestares estomacales o dificultades para dormir, elige la mejor variedad de él y el número de tazas que quieras beber por día: tres a cuatro tazas de café con cafetera de goteo parecen ser la cantidad mágica para conseguir los mejores beneficios para tu salud. Así que bebe una taza ahora y, más tarde, otra; luego, otra más, y tal vez una última para terminar el día.

Hallazgos en la literatura científica

En un estudio de gran alcance realizado en Estados Unidos, con más de 3.7 millones de participantes, se encontró que el café reduce el riesgo de padecer enfermedades cardiovasculares, diabetes mellitus tipo 2, cáncer cervical y melanoma. La mayor reducción de dichos riesgos se observó con un consumo de tres a cuatro tazas por día.

Una investigación similar realizada en Asia, con más de 500 000 participantes y un seguimiento durante más de 22 años, reveló que los bebedores de café presentaban un menor riesgo de padecer enfermedades cardiovasculares y cáncer, así como un 26% menos riesgo de mortalidad por cualquier causa.

33

Respira como los Navy SEAL

● Cinco minutos...

Los miembros de los equipos de Tierra, Mar y Aire de la Armada de Estados Unidos, los más fuertes entre los militares estadounidenses, por cierto, cuyas misiones a menudo se parecen sorprendentemente al trabajo de James Bond, están entrenados con técnicas de respiración. ¿No es asombroso? Los buzos de combate de la Armada de Estados Unidos reciben formación sobre prácticas de respiración ancestrales de la India para su supervivencia.

Durante su entrenamiento, aprenden varias técnicas de respiración, pero la llamada *cuadrada* o *de cuadrilátero* es su principal herramienta de uso táctico. Es tan eficaz que los buzos la practican en operaciones en las que la diferencia entre la vida y la muerte reside en la gestión del estrés. En caso de pánico, probablemente no sobrevivirían. Entonces, el ejercicio reduce los niveles de estrés de manera tan conveniente que les salva la vida. Imagina, entonces, la eficacia de esta técnica para contrarrestar el estrés cotidiano.

Pasos para practicar la respiración cuadrada:

- ✔ Imagina un cuadrado.
- ✔ Inhala por la nariz mientras cuentas hasta cuatro e imagina que te desplazas hacia arriba por uno de los lados del cuadrado.
- ✔ Contén la respiración y cuenta hasta cuatro mientras continúas tu movimiento por la parte superior.
- ✔ Exhala por la nariz, cuenta hasta cuatro y desciende por el lado opuesto del cuadrado.
- ✔ Contén la respiración y cuenta hasta cuatro mientras regresas al punto de partida.
- ✔ ¡Repítelo!

En otras secciones, ya hemos comprobado que la respiración es nuestra herramienta más eficaz contra el estrés, aunque parezca difícil de creer.

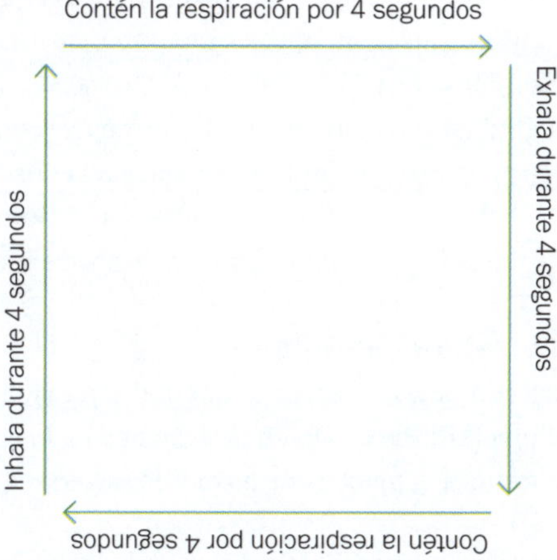

Qué ocurre en nuestro organismo

La gestión del estrés genera numerosos efectos saludables. Desde el aspecto fisiológico, se optimizan las concentraciones de dióxido de carbono y oxígeno, al mismo tiempo que los diferentes sistemas de relajamiento se activan. La concentración de cortisol —la hormona del estrés— disminuye, lo que reduce, a su vez, posibles ataques de pánico. A nivel psicológico, la concentración aumenta cuando se visualizan las respiraciones.

La técnica está basada en los *prānāyāma*, es decir, los métodos ancestrales de la India que hoy día se utilizan en el yoga y cuyo efecto es perceptible después de unos pocos minutos.

34

Prepárate un licuado

● Cinco minutos...

¿Hay algo más delicioso y una forma más sencilla de agregar una mezcla variada de frutas y verduras que prepararte un licuado? Es un pregunta retórica, por supuesto, ya que no la hay. Un licuado es cremoso, refrescante e increíble tanto para el paladar como para la salud.

Y hablando de cremosidad, existen muchos productos que agregan suavidad a tu licuado y, al mismo tiempo, favorecen un control adecuado de la glucemia. Por ejemplo, piensa en frijoles, coliflor, frutos secos, semillas de chía, aguacate, yogur o aceite de oliva, los cuales contribuyen con fibra o grasas vegetales que también ayudan a regular la glucemia. Para conseguir una verdadera bomba para tu salud, las hojuelas de centeno y las verduras de hoja verde también son opciones deliciosas junto con los frutos rojos y otros vegetales.

Hallazgos en la literatura científica

Cuando las instancias competentes en Estados Unidos publican una nueva directriz en materia alimentaria, se basan en un resumen de los resultados científicos de la más alta certeza, y muchos otros países suelen seguir los consejos de dicha guía.

Las pruebas científicas se basan de manera primordial en estudios observacionales, en los cuales se ha dado seguimiento a grupos poblacionales durante un largo periodo, mientras se ha estudiado su alimentación y las enfermedades padecidas o fatales.

Las últimas directrices en materia alimentaria de Estados Unidos para el ciclo 2020-2025 presentan una novedad importante: el enfoque en la variedad. A partir de esta nueva perspectiva, puedes aportar beneficios en tu salud con algunos pequeños cambios en la alimentación. Se hace hincapié en la diversidad para mejorar la salud. Cuando se combinan diferentes alimentos, interactúan de manera positiva y los comes continuamente, se observa un efecto muy significativo.

35 Escucha música

● Cinco minutos...

Imagina tomar musicoterapia cuando el estrés empieza a desbordarse. Si resides en Estados Unidos, eso ya es posible. La música ha resultado tener un efecto reductor muy potente en el estrés. Esto queda reflejado tanto en los biomarcadores del estrés como en la experiencia en sí misma, por ese motivo se ha introducido el tratamiento con musicoterapeutas en dicho país. Es cierto que la música representa un deleite para el oído y la mente, pero también es verdad que nos aporta calma y nos sana en lo más profundo.

Por lo anterior, es fácil pensar que se requieren composiciones como el «Aria para la cuerda de sol» de Johann Sebastian Bach para lograr una enorme reducción del estrés. No es así. ¡Puedes elegir la música que te guste más! Y que se adapte a ti en cada momento. A Bertil le gustan canciones de ABBA, mientras que Linn escucha tanto composiciones de Franz Liszt como canciones de Radiohead, o bien, sale a correr mientras escucha rock pesado. Toda música produce un efecto. Ponte los audífonos, escucha tu canción favorita y estarás promoviendo muchos beneficios para tu salud.

Hallazgos en la literatura científica

Una revisión sistemática de 12 estudios concluyó que la música ejerce un efecto positivo en el cuerpo y en la mente. En un estudio con 9 617 participantes, la música marcó una diferencia significativa en los siguientes términos.

Reducción del estrés de variables fisiológicas:

- ✓ Disminución de la frecuencia cardiaca.
- ✓ Disminución de la presión arterial.
- ✓ Disminución de las concentraciones de las hormonas del estrés.

Reducción del estrés de variables psicológicas:

- ✓ Menor grado de nerviosismo.
- ✓ Disminución de la ansiedad.
- ✓ Menor sensación de inquietud.

36

Imagina a tu mejor yo

● Cinco minutos...

Las personas optimistas viven más años. Eso ya lo sabes si ya leíste todos los microhábitos hasta ahora presentados. Por eso mismo, nos gustaría ofrecerte un hábito relacionado con el optimismo, ya que es muy beneficioso. Se trata de un ejercicio que tomará unos cuantos minutos. ¿No te parece inspirador?

Haz lo siguiente:

1. Imagínate a ti mismo en el futuro. Tú decides si en un futuro cercano o lejano.
2. Elige tus sueños más grandes y realistas. Ahora imagina tu vida una vez que estén cumplidos estos sueños y resueltos los posibles problemas acontecidos a lo largo del camino.
3. Visualiza la vida de tus sueños con detalle. ¿Dónde estás? ¿Cómo te sientes? ¿Qué piensas? ¿Qué es importante para ti? ¿Cómo te comportas?

¡Muy bien! Ya te sumergiste en un baño de esperanza y optimismo.

Qué ocurre en nuestro organismo

Varios informes de investigación señalan que el optimismo es una capacidad que se puede desarrollar. El ejercicio aquí explicado entrena tu cerebro para que se enfoque en las oportunidades en lugar de concentrarse en los problemas y los obstáculos. En otras palabras, te vuelves más optimista. Como beneficio extra, este ejercicio te puede ayudar a definir con más claridad tus objetivos y anhelos, así como las etapas para llevarlos a cabo.

37

Limpia tu microbiota intestinal: come algo fermentado

● Cinco minutos...

El papel de la microbiota intestinal en nuestra salud es uno de los campos de investigación preponderantes actualmente. Cada año se publican más de 2000 estudios que intentan establecer y descifrar las conexiones entre las bacterias intestinales, las enfermedades y las afecciones, por lo que no hay espacio para enlistarlos aquí. Nos encontramos en medio de una revolución médica y muchos hallazgos parecen tan maravillosos que nos preguntamos si se trata de una realidad o si es ciencia ficción. Una microbiota intestinal saludable fortalece el sistema inmunitario, pero también puede influir en nuestra salud mental.

Puedes comenzar a partir de hoy. Varios de nuestros microhábitos dan un verdadero impulso a tu microbiota intestinal. Aquí tienes otro: come algo fermentado. El kimchi, las verduras fermentadas y sin pasteurizar, el chucrut, el yogur, el kéfir, el miso o las aceitunas negras en agua son un auténtico regalo para tu microbiota intestinal. Los puedes comprar en el supermercado. Una alternativa más barata es la fermentación de los vegetales en tu casa. Estos alimentos aportan probióticos, es decir, nuevas bacterias saludables que mejoran tu salud. ¿Sabías que tanto el kéfir como el yogur fermentado sin lácteos de avena o soya están llenos de probióticos?

Hallazgos en la literatura científica

El 70% de tu sistema inmunitario se encuentra en los intestinos. Este conocimiento revolucionario es reciente e implica más de lo que antes se creía, ya que puedes adoptar medidas para promover una condición más saludable de tu propio sistema. Y es muy fácil.

Un sistema inmunitario fuerte protege contra infecciones y cáncer, entre otras condiciones. Las investigaciones demuestran que el fomento de la microbiota intestinal tanto con probióticos —por ejemplo, algún producto fermentado— como con prebióticos —alimentos ricos en fibra— aporta notables beneficios para la salud. Las investigaciones más recientes revelan una sólida conexión antes desconocida entre el cerebro y los intestinos. Las bacterias in-

testinales pueden producir tanto serotonina como dopamina, ambos importantes neurotransmisores, lo que mejora la salud mental.

Hoy en día, se busca encontrar un nuevo tipo de medicamento para combatir la depresión: los psicobióticos. Esto quiere decir que se pretende tratar la microbiota intestinal para controlar la depresión. La notoria conexión entre el intestino y el cerebro queda pues totalmente manifiesta.

No obstante, todavía se debate si las enfermedades provocan desequilibrios en la microbiota intestinal o si los desequilibrios de la mencionada microbiota dan paso a las enfermedades. En la actualidad, todo parece indicar que la segunda opción es la más válida. Por ejemplo, una revisión en 2021 concluyó que los probióticos y los prebióticos pueden reducir varios factores de riesgo de padecer enfermedades cardiovasculares.

También se está investigando el papel de los probióticos en la pérdida de peso corporal y el tratamiento contra afecciones como esclerosis múltiple, discapacidades neuropsiquiátricas, demencia y diabetes mellitus tipo 2.

38

Disfruta de una taza de té

● Cinco minutos...

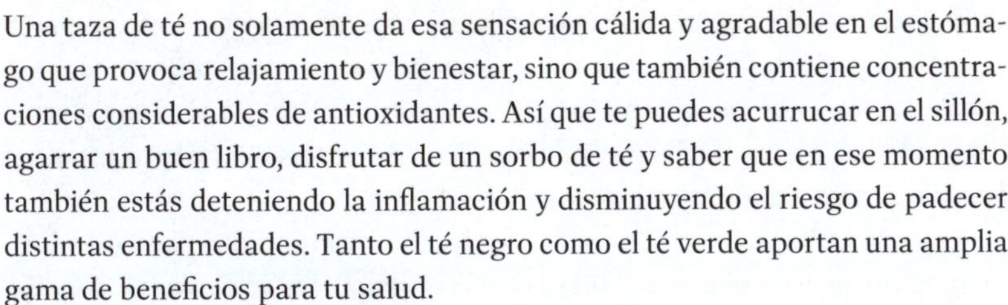

Una taza de té no solamente da esa sensación cálida y agradable en el estómago que provoca relajamiento y bienestar, sino que también contiene concentraciones considerables de antioxidantes. Así que te puedes acurrucar en el sillón, agarrar un buen libro, disfrutar de un sorbo de té y saber que en ese momento también estás deteniendo la inflamación y disminuyendo el riesgo de padecer distintas enfermedades. Tanto el té negro como el té verde aportan una amplia gama de beneficios para tu salud.

¿Acaso no consideras que con té tu día se vuelve un poco más agradable?

Hallazgos en la literatura científica

Una investigación sistemática con 528 000 hombres y mujeres mostró una correlación entre la ingestión de té verde y un menor riesgo de mortalidad por cualquier causa, en particular por enfermedades cardiovasculares.

En otro estudio se observó una relación entre el consumo de té y la disminución de la presión arterial, lo que se traduce en un menor riesgo de infarto de miocardio y accidente cerebrovascular. El efecto era más significativo con el té verde que con el té negro. Los investigadores detrás de este estudio proponen que el sistema de salud debería considerar esta situación y recomendar el té verde como tratamiento complementario para estas enfermedades.

Al parecer, los efectos positivos se presentan con el consumo de dos a tres tazas de té al día. Otros estudios apuntan hasta cinco tazas al día para la obtención de mejores efectos. Si bebes tanto té como café, suma el consumo de ambas bebidas hasta llegar a tres o cinco tazas diarias para obtener el efecto óptimo.

Hazlo al revés por el bien de la amistad

● Cinco minutos...

Estás preparando tu cena un día cualquiera y hace tiempo que no se limpia la casa. Gran parte de la mesa del comedor está cubierta de montones de papeles, migas de pan, unos calcetines usados y algún otro objeto que ya debería estar guardado desde hace mucho tiempo, pero ¿adónde pertenece? Debería estar debajo de la mesa, donde abundan las pelusas de polvo.

Cuando volteas a ver el comedor, en ese momento, probablemente el último de tus pensamientos incluiría las visitas espontáneas a tu casa. A pesar de ello, es la ocasión perfecta para jugar a la inversa. ¡Descuelga el teléfono e invita a un amigo a cenar!

Amontona todas las cosas a un lado de la mesa, coloca un lugar para una persona más y socializa con tu cena común un día entresemana. Desafía los obstáculos inútiles e inventados que te impiden cultivar tus relaciones amistosas. En realidad, ¿a quién le importa si la casa está ordenada o si la cena es «sencilla»? Lo importante es pasar momentos junto a tus seres queridos, relajarse gracias a la convivencia y sentir la seguridad de las relaciones amistosas. En otras palabras, hay que compartir la vida.

Nunca se repetirá lo suficiente: las relaciones provechosas y la convivencia pueden representar el factor de salud más importante para lograr una vida larga y saludable. Por este motivo, te proponemos varios hábitos enfocados en las relaciones, para que puedas elegir. ¡No los ignores!

Con frecuencia, la gente deja de convivir con otros gracias a las altas expectativas propias... Que la casa esté perfectamente ordenada, que las recetas sean complejas para impresionar a los invitados y que se pueda mostrar la mejor y más hermosa versión de uno mismo.

¡Desafía ese pensamiento y aprovecha cualquier oportunidad para socializar! Empieza a jugar a la inversa y tu salud mejorará de manera evidente. La vida, además, será un poco más divertida.

Hallazgos en la literatura científica

Bueno, ¿por dónde empezamos? Los resultados de los estudios científicos ponen de manifiesto la importancia de nuestras relaciones personales para nuestra salud. Señalan que la soledad involuntaria es un factor de riesgo de muerte prematura a la par que el tabaquismo, e incluso mayor que el sedentarismo y la obesidad. La soledad crea una sensación de estrés que incrementa la presión arterial y la inflamación en el organismo, las cuales, a su vez, representan elementos de riesgo de padecer enfermedades cardiovasculares, entre otras.

En un estudio con 58 825 mujeres mayores de edad, se observó que el aislamiento social y la soledad crónica contribuyeron hasta un 8% al aumento del riesgo de padecer enfermedades cardiovasculares y accidentes cerebrovasculares. Si el aislamiento aumentaba, el riesgo se ampliaba hasta un 27 por ciento.

Entonces, puedes alargar tu vida con varios años de buena salud si priorizas la convivencia con otras personas y no dejas que te gobiernen el orgullo, los logros o tus ideales.

40 Da un paseo corto y rápido

● Diez minutos...

Las caminatas son tan buenas para mejorar tu salud que las contemplamos como un seguro de vida gratuito. No importa si caminas rápido o lento. Los paseos también pueden servir para aumentar el ritmo cardiaco por unos momentos y así conseguir efectos adicionales en tu salud. De vez en cuando, lleva tus paseos a otro nivel para mejorar aún más tu estilo de vida.

No se requiere una caminata larga, ni siquiera una de distancia media, ya que las investigaciones han demostrado que varias caminatas cortas funcionan exactamente igual que un paseo largo. Por lo tanto, puedes dividir tus recorridos como mejor te convenga durante el día o la semana. Así que ponte unos zapatos o tenis cómodos para caminar, o acelera el paso cuando salgas a cualquier lugar cercano. Diez minutos pueden traducirse en milagros. Ahora lo sabemos. ¡Únicamente diez minutos!

Hallazgos en la literatura científica

En un estudio realizado en 2022, en Estados Unidos, se evaluaron las repercusiones de un paseo intenso de diez minutos en la salud. Se llegó a la sorprendente conclusión de que, incluso con un aumento limitado de la actividad física

diaria, la mortalidad anual podría reducirse en un 6.9%. ¡De todas las causas de muerte!

Con dos recorridos cortos, la cifra alcanza a reducir un 13%, y tres caminatas breves se traducen en un 16.9 por ciento.

¡Los paseos son, en consecuencia, un seguro de vida muy conveniente y económico! Pero eso no es todo, las caminatas también potencian la memoria. Una investigación sistemática de 2022 reveló que tres sesiones de caminata por semana durante solamente cuatro meses mejoraban la memoria de las personas de mediana y avanzada edad.

Otro estudio reveló que el volumen del hipocampo aumenta con unas cuantas caminatas por semana. Se trata de una parte importante del cerebro para la memoria y el aprendizaje, y su tamaño aumenta gracias a tres paseos rápidos por semana.

Otro estudio, realizado en adultos jóvenes, mostró un aumento en la actividad de la memoria tras una caminata de diez minutos. Por increíble que parezca, un paseo corto es suficiente para constatar una diferencia.

Este efecto sobre la memoria también es evidente en el caso de las enfermedades demenciales. Una persona de mediana edad con actividad física regular reduce hasta la mitad el riesgo de sufrir demencia y alzhéimer.

Incluso en edades más avanzadas, los beneficios son significativos. Si las personas mayores de 70 años se ejercitaran treinta minutos al día, el riesgo de padecer demencia disminuye entre un 30 y 40%. Es una cifra impresionante. Y el riesgo de demencia no es el único que se reduce; para quienes ya presenten un estado incipiente de esta condición, la enfermedad se podría posponer varios años gracias a la actividad física.

¿Y sabes? ¡Todo tipo de actividad física cuenta! Si no puedes o no te gusta tanto caminar, puedes sustituir el paseo por otro ejercicio con una intensidad equivalente. La actividad física es, sin duda, la mejor opción para mejorar la memoria.

41

Suéltate y baila

● Diez minutos...

¿Sabías que los investigadores exhortan a los médicos para que recomienden el baile a sus pacientes? Los beneficios de esta actividad son contundentes.

El título de un libro publicado hace unos años lo establece todo, *Dancing is the best medicine* (Bailar es la mejor medicina). El título ya dice bastante. A menudo se habla de «muchos pocos...», pero con el baile más bien se trata de «muchos muchos...». Esta actividad se traduce como una combinación de movimientos que aumenta la frecuencia cardiaca, incluye música, ejercicios de equilibrio, entrenamiento muscular y, muchas veces, convivencia social con la ventaja de divertirse y estar presente.

Un baile intenso durante unos minutos proporciona un entrenamiento físico extraordinario. En cambio, si bailas lento, junto a una persona, la oxitocina comenzará a circular. Los beneficios son sustanciales sin importar la forma de controlar el tempo.

No es necesario bailar en compañía; solo pon tu música favorita y déjate llevar con total libertad. ¿No te parece una estupenda forma de prolongar tu vida?

Hallazgos en la literatura científica

Ya confirmamos que la actividad física diaria aporta beneficios tangibles para tu salud. Si, además, se agrega una actividad que aumente la frecuencia cardiaca, los resultados son aún mejores. El baile resulta tan benéfico como una sesión de entrenamiento físico para acelerar el ritmo cardiaco.

Un estudio realizado en 2019, en Estados Unidos, con 8 000 participantes mayores de 45 años, reveló que una actividad ligera durante treinta minutos al día reduce el riesgo de mortalidad un 17%. Si al mismo tiempo se practicó una actividad para aumentar la frecuencia cardiaca, el riesgo de mortalidad disminuyó un 35%. En conclusión, no es necesario ejercitarse durante horas para lograr beneficios enormes en tu salud.

Un estudio sistemático de 2020, con 232 000 participantes, evidenció que los participantes que trotaban presentaron un 27% menos de riesgo de morta-

lidad por cualquier causa, un 30% menos de riesgo de mortalidad por enfermedades cardiovasculares y un 23% menos de riesgo de mortalidad por algún tipo de cáncer. El efecto era el mismo sin importar la frecuencia de la actividad, la distancia recorrida o la velocidad con la que se hacía. La clave residía en el aumento de la frecuencia cardiaca, más que la actividad en sí. Los investigadores sostuvieron la trascendencia del aumento del ritmo cardiaco una vez por semana. Al parecer, la danza es mejor que cualquier otro ejercicio para elevar la frecuencia cardiaca, ya que aporta otros beneficios adicionales para tu salud. Quizá la convivencia social que suele acompañar al baile y el bienestar que se presenta al oír la música expliquen lo anterior.

Los beneficios del baile son numerosos. Un estudio reveló que mejora la cognición en pacientes con párkinson. Otra revisión con 1 276 participantes concluyó que la danza en todas sus variedades:

- ✔ Mejora el funcionamiento cardiovascular.
- ✔ Aumenta la masa muscular.
- ✔ Fortalece el sistema óseo.
- ✔ Reduce los niveles de estrés.
- ✔ Incrementa las concentraciones de las hormonas de la felicidad.

42 Practica yoga

● Diez minutos...

Ya hemos mencionado que varias de las técnicas de respiración del yoga son una maravilla para tu bienestar, al igual que los beneficios de tener atención plena en el presente y fortalecer los músculos. Entonces, imagina combinar estas tres actividades al mismo tiempo. Las variantes de yoga les permiten a tus músculos trabajar con tu peso corporal. Así, los músculos crecen gracias al flujo de los diferentes movimientos. Mientras fortaleces tu sistema inmunitario, mejoras tu resistencia contra el estrés y promueves tu capacidad cerebral a partir de técnicas de respiración ancestrales y presencia total.

Tal vez no es ninguna sorpresa que el yoga sea un microhábito explosivo que puedas adoptar.

Tip: YouTube está lleno de tutoriales de yoga en todos los niveles.

Hallazgos en la literatura científica

Los beneficios del yoga para la salud son conocidos. Los ejercicios de respiración y la atención plena reducen el estrés y desencadenan la producción de hormonas de la felicidad, como la serotonina y la oxitocina. En consecuencia, mejora tu bienestar mental y duermes mejor. Incluso se pueden aliviar algunos tipos de dolor.

El entrenamiento muscular durante el yoga aporta numerosos beneficios para la salud. Se ha demostrado que mejora el metabolismo y disminuye la inflamación.

Un estudio amplio con 44 452 hombres expuso que una sesión de yoga por semana puede ser suficiente para reducir el riesgo de infarto de miocardio en un 23%, en comparación con quienes no practican ninguna actividad. En otra investigación que incluía a 6169 participantes, se descubrió que el entrenamiento muscular reduce de forma eficaz la presión arterial. Mientras más edad tenga la persona, mejor efecto hay en la presión arterial.

43

Tómate un poco de tiempo para no hacer nada

● Diez minutos...

→ Oye, tómate un descanso. No tienes que estar disponible para los demás y haciendo cosas todo el tiempo. ¿Por qué no organizas tu agenda y programas pausas para descansar? Elige algunos espacios para estar solo, o aprovecha los momentos que surjan en el día a día. Tal vez, en el transporte de regreso a casa, unos minutos adicionales mientras te bañas o, simplemente, ponte de pie y deja el escritorio, apoya la frente contra el cristal de la ventana y mira hacia afuera. Tómate diez minutos durante los cuales te quedes con la mirada vacía y dejes vagar tu mente hacia pensamientos irrelevantes, trata de olvidar por un momento las tareas pendientes. Esto es muy similar a cuando te sientas en la banca de un parque, observas una nube y te preguntas si parece un unicornio o un helado.

Piensa en la inmortalidad del cangrejo. En otras palabras, simplemente permanece ahí por un rato.

Qué ocurre en nuestro organismo

La permanencia es importante y una estrategia eficaz para contrarrestar el estrés. Estos pequeños instantes te permiten dejar de lado esos pensamientos molestos por un momento y promueven la disminución de las concentraciones de cortisol. En poco tiempo, se logra reducir el impacto dañino del estrés. La presión arterial y el ritmo cardiaco se reducen mientras que las concentraciones de lípidos y la glucemia mejoran. Al mismo tiempo, la sensación de irritabilidad y de malestar se aminoran. La inflamación retrocede, en consecuencia, abundan las hormonas de la felicidad y la sensación de bienestar fluye por tu organismo.

44

Sincroniza tus paseos

● Diez minutos...

¡Camina después de comer! Ya hemos afirmado que los paseos son tu seguro de vida más económico. Caminar representa una actividad increíblemente eficaz para mejorar la salud en cualquiera de sus formas.

No obstante, si quieres potenciar los resultados aún más, entonces sincroniza tus caminatas.

Si paseas al menos diez minutos después de comer, detienes los picos de glucemia y tu cuerpo tendrá una curva uniforme y suave, lo cual te permitirá sentirte bien.

Hallazgos en la literatura científica

En un estudio de 2023, el cual incluyó un total de 116 participantes, 47 personas diagnosticadas con diabetes mellitus tipo 2 y 69 personas sin esta enfermedad dieron paseos antes y después de las comidas. Cuando los investigadores midieron la glucemia, observaron una notoria diferencia de acuerdo con el momento de las caminatas. La curva de la glucemia de las personas que caminaron después de comer mejoró bastante. En lugar de un aumento, los músculos utilizaron la glucosa como fuente de energía durante la caminata. Tanto las personas con diabetes mellitus tipo 2 como los participantes sin este diagnóstico obtuvieron el mismo efecto positivo en la curva de la glucemia, el cual fue aún más pronunciado cuando las caminatas ocurrían poco tiempo después de la comida. En cambio, no se registró efecto alguno en la glucemia de aquellas personas que caminaron antes de la comida correspondiente.

En resumen, una caminata después de la comida previene los perjudiciales picos de glucemia.

45

Cada movimiento te rejuvenece

● Quince minutos...

No importa tu edad ni condición física, ya que el cuerpo siempre rejuvenece a través del movimiento.

¡Sí, leíste bien, tu cuerpo rejuvenece! Las células se reparan y se forman nuevos vasos sanguíneos, lo que mejora la circulación. Además, aumenta la capacidad cardiopulmonar, la inflamación disminuye, el sistema inmunitario se fortalece y las respuestas al estrés son menos intensas. ¡Es un tratamiento milagroso! Así, por ejemplo, si sales a dar un paseo, se podría decir que estás más joven cuando regresas.

Hoy en día, la actividad física es lo único que puede rejuvenecer el organismo, a pesar de las desorbitantes cantidades gastadas por multimillonarios de la tecnología como Jeff Bezos para buscar la solución al problema del envejecimiento. Si se desarrollara una píldora con los mismos beneficios sorprendentes del ejercicio físico, el creador se merecería el Premio Nobel. Todo el mundo la querría, aun cuando el precio fuera alto, demasiado alto.

Sin embargo, no necesitas esa costosa píldora utópica. Puedes rejuvenecer tu cuerpo sin costo alguno. Hoy mismo incluso.

Entonces, ¿hay que correr un maratón? No, no es necesario. La investigación arroja datos contundentes: lo más importante es la actividad física diaria. La buena noticia es que todo el tiempo hay oportunidades para moverse, no se requiere preparación y no tiene costo alguno. Ejemplos hay varios: salir a pasear y disfrutar del sol, cortar el pasto del jardín o recoger las hojas del patio con el rastrillo, ir a pie al supermercado, limpiar u ordenar la casa, jugar con los hijos o los nietos, limpiar las ventanas, sacar la basura, entre muchos otros. Ni siquiera tienes que sudar. El simple movimiento físico es el fundamento para una buena salud, por eso es tan beneficioso y significativo. Se trata de uno de nuestros mejores consejos, el más sencillo, pero con enormes beneficios.

Hallazgos en la literatura científica

¿Cómo se puede afirmar que el cuerpo se rejuvenece a través de la actividad física? Bueno, el movimiento influye de forma positiva sobre los telómeros, situados en los extremos de nuestros cromosomas, a los cuales protegen. La longitud de los telómeros es un indicador del envejecimiento; mientras más cortos los telómeros, mayor riesgo de padecer diversas enfermedades y de morir prematuramente. Lo maravilloso es que la actividad física puede detener el proceso de acortamiento de los telómeros e incluso puede promover su alargamiento hasta cierto punto. Así que, claro que se puede hablar de rejuvenecimiento, ¿no te parece?

Si, por ejemplo, realizas tus quehaceres diarios, puedes reducir el riesgo de muerte prematura en un 17%, al mismo tiempo que previenes enfermedades. Asimismo, esto puede resultar útil si llegas a enfermar. Además, los investigadores concluyen que las pequeñas sesiones de actividad física durante el día son tan eficaces como una sesión larga.

Una caminata u otra actividad ligera durante 30 minutos al día, por lo tanto, puede reducir el riesgo de muerte prematura en un 17%, lo cual nos parece asombroso.

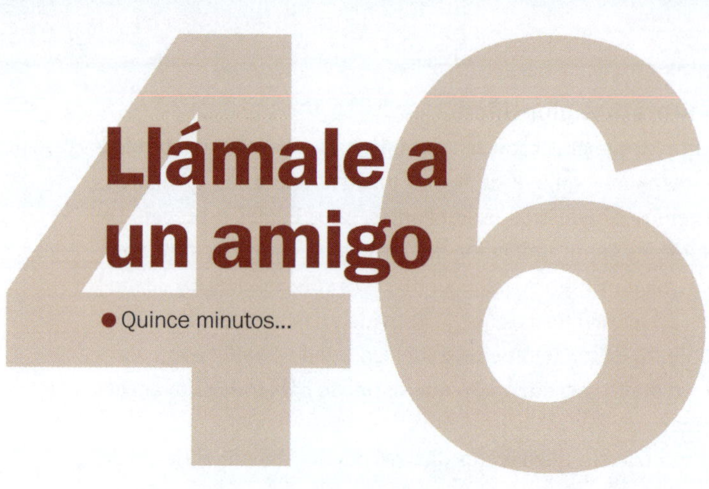

Llámale a un amigo

● Quince minutos...

Esta actividad se trata de un acto en verdad provechoso, incluso si no estás participando en un programa televisivo de preguntas y respuestas donde te permiten contactar un poco de ayuda. El apoyo social brinda un increíble impulso a tu salud.

Dedica 15 minutos por semana para telefonear a un amigo y conversar. No importa si hablan de temas irrelevantes, de ustedes mismos o si profundizan sobre el panorama cultural. En realidad, la convivencia entre ustedes y el cuidado mutuo de su relación significan una inversión que se amortizará de manera incontable.

Hallazgos en la literatura científica

Un estudio mostró que las personas que a los 50 años estuvieron más satisfechas con sus relaciones personales fueron también las más saludables a los 80 años. La disminución del riesgo de padecer enfermedades y morir, como consecuencia de relaciones personales saludables, se ha demostrado una y otra vez en diversas investigaciones.

La convivencia y el cuidado de amigos y familiares crean una sensación de seguridad, estimulan la circulación de las hormonas de la felicidad por el organismo y reducen la concentración de hormonas del estrés. En otras palabras, una vida social activa acarrea beneficios en tu salud.

47

Disfruta de la luz natural, aunque esté nublado

● Quince minutos...

Sal a disfrutar de la luz del día durante 15 minutos. ¡Así de fácil!

Es una manera sencilla de revitalizarse y mejorar la calidad del sueño. Funciona si el día está nublado o despejado, y es preferible que salgas sin lentes de sol.

Una dosis de luz a primera hora del día repercute de manera sustancial sobre el ritmo circadiano, así que asegúrate de salir por la mañana, al mediodía o a la hora de la comida.

Efectos positivos de la luz:

Muy buena iluminación en el interior	500 lux
Un día nublado	1000 lux
A la sombra en un día despejado	>25000 lux
A la luz del sol al mediodía	130000 lux*

**Lux indica el nivel de iluminación o iluminancia. Se utiliza para medir la cantidad de flujo luminoso en un espacio definido. La luz solar en un día soleado es la más eficaz y aporta muchos beneficios para la salud.*

Qué ocurre en nuestro organismo

La luz reduce la presencia de melatonina, la hormona del sueño, y el cuerpo se reajusta a la luz diurna. La concentración de nuestra hormona activadora, el cortisol, aumenta con la luz y de repente estamos listos para comenzar el día. El organismo obtiene un punto de referencia, lo cual también facilita la conciliación del sueño por la noche.

La luz diurna también influye en tu salud de manera general, ya que equilibra el reloj interno de las células y mantiene el ritmo circadiano en el nivel óptimo.

Cuando estás en sintonía con tu ritmo circadiano, tu cuerpo se relaja y varios de sus sistemas funcionan mucho mejor. ¿Qué ocurre entonces? Pues, ¡te vuelves más saludable!

Se trata de una investigación sobresaliente, cuyos estudios sobre el reloj interno de las células han sido galardonados incluso con el Premio Nobel de Medicina.

48 Haz cardio: estimula la molécula milagrosa

● Quince minutos...

→ ¿Sabías que nuestro cerebro tiene una molécula milagrosa que nos protege contra los daños? Se llama *factor neurotrófico derivado del cerebro* (BDNF, por sus siglas en inglés). Si las neuronas reciben esta sustancia, quedan protegidas contra situaciones que de otro modo las habría dañado o matado, por ejemplo, ataques de radicales libres.

Ahora te explicamos lo más maravilloso: la concentración de estas moléculas aumenta tan pronto como se eleva tu ritmo cardiaco por un momento. Así que tú mismo puedes promover la producción de la molécula milagrosa que protege tu cerebro. Y mejor aún, el efecto se nota inmediatamente después de la primera actividad que aumente la frecuencia cardiaca. Entonces, si te gusta practicar ejercicio, sal a correr, a nadar, a jugar tenis, etc. O si quieres resultados en el menor tiempo posible, esfuérzate un poco más, por ejemplo, y utiliza la bicicleta para dirigirte a tu lugar de trabajo.

¿Ahora entiendes el apelativo de «molécula milagrosa»?

Hallazgos en la literatura científica

La BDNF también estimula la formación de nuevas neuronas. Hace unos treinta años, los científicos estaban convencidos de que la formación de nuevas neuronas no era posible. Hoy en día, se ha demostrado lo contrario, ya que el movimiento promueve la génesis de nuevas neuronas. Además, la molécula milagrosa fortalece las sinapsis neuronales, lo que mejora el aprendizaje y el proceso de memoria. En resumen, esto significa que la BDNF previene el envejecimiento cerebral.

Haz algo que disfrutes

● Quince minutos...

Reúnete con amigos, ríe y diviértete, acaricia a tus mascotas, lee, toca un instrumento, teje, haz alguna manualidad, resuelve un crucigrama, pinta, ve al cine, hornea un pastel, canta en un coro. No importa lo que realices siempre y cuando lo disfrutes. Todas estas actividades pueden romper un patrón de estrés, aportarte tranquilidad y bienestar por un rato. Cualquier ocupación es muy útil. Si quieres agregar más bienestar te recomendamos:

- ✔ Déjate llevar por el momento completamente, suelta todo lo demás y disfruta al máximo.
- ✔ De preferencia, realiza un pasatiempo con el objetivo de practicarlo por un largo tiempo.
- ✔ Acompáñate de otras personas para aprovechar aún más la actividad.

Hallazgos en la literatura científica

En un estudio se preguntó a 1700 personas con la admirable edad de 90 años sobre el secreto detrás de su longevidad. Las respuestas abarcaban la presencia de amigos, la práctica de actividad física, entre otras situaciones, empero la ejecución de un pasatiempo estuvo a la cabeza de la lista de respuestas. Una actividad de interés y tiempo para practicarla representaron la clave de su longevidad y bienestar. Entonces, si no dispones de algún pasatiempo, vale la pena que busques uno.

50 Sal a tomar un café con amigos

● Quince minutos...

→ Sal con amigos o conocidos para degustar un café y socializar. Siéntense un rato para hablar de todo y nada. Compartan sus experiencias, la convivencia es lo más importante en este microhábito.

Dedica momentos breves de vez en cuando, ratos espontáneos sin exigencias dentro de tu vida cotidiana, para cultivar tus relaciones personales, conectar con nuevas personas y prolongar tu vida.

Hallazgos en la literatura científica

En un estudio que incluía a 300 000 participantes, se observó que el factor que mejor pronostica si se seguirá con vida dentro de diez años es la convivencia social; es decir, el tiempo de interacción con otras personas durante un día cualquiera. Entre más convivencia, más posibilidad de vivir diez años más.

Algunas regiones del mundo, en las que más personas viven hasta más de cien años, se conocen como zonas azules. Los investigadores han estudiado el estilo de vida en estas áreas para establecer los criterios que promueven la longevidad de estas personas. Un denominador común es la plusvalía otorgada a las relaciones sociales.

Por ejemplo, en Okinawa, Japón, donde vive la gente más longeva del mundo, hay un sistema social en el que las personas se acompañan desde la infancia y por el resto de sus vidas. Estos grupos de personas se reúnen con frecuencia y se apoyan mutuamente durante los altibajos de la vida de forma similar a una familia. Hablamos de un tipo de extensión familiar.

En Loma Linda, Estados Unidos, donde los residentes viven en promedio ocho años más que la gente de la ciudad vecina, los servicios comunitarios y la convivencia social son una norma.

Un investigador de las zonas azules lo resume así: «Si la cohesión social y el voluntariado existieran en forma de píldora, se alcanzarían ventas exitosas».

51

Disfruta de un paseo

● Quince minutos...

Te presentamos un coctel electrizante: el senderismo ya es un hábito explosivo, al igual que la práctica de la gratitud para aumentar el optimismo. Ahora vamos a mezclar ambos y, además, agregar una pizca asombrosa de naturaleza como la cereza que corona el coctel. ¡Así que sujeta la sombrilla del vaso y vámonos! Ponte unos zapatos cómodos o tenis y sal para dar un paseo diferente, de preferencia por una zona verde. Levanta la mirada y toma nota de todos los elementos positivos que puedas encontrar a tu alrededor, en particular de aquellos que, de otro modo, quizá ni siquiera notarías, o no tendrías tiempo suficiente para apreciar. Ahora llévalo a otro nivel y aprovecha todas las oportunidades para experimentar emociones positivas y gratitud.

Reflexiona y presta atención a cada una de las situaciones observadas. Tal vez el aroma del pasto recién cortado, la suave brisa en tu cara, una flor necia que lucha por crecer en un lugar imposible, el canto de los pajaritos, una persona amable, el paso del aire fresco por las vías respiratorias, un edificio hermoso, la sonrisa de una persona desconocida o la altura impresionante de aquel árbol.

Saborea ese momento, reflexiona sobre los motivos por los que esa situación te parece agradable y muestra gratitud por ello.

Cada vez que puedas, camina por lugares diferentes para descubrir nuevas experiencias de las cuales puedas disfrutar y por las cuales puedas sentir gratitud.

Hallazgos en la literatura científica

En un estudio de gran alcance, durante el cual se le dio el mayor de los seguimientos a personas centenarias, se investigó la posible causa de su longevidad. La respuesta universal fue una adecuada gestión de su vida y una actitud optimista.

Un estudio realizado por la Escuela de Medicina de la Universidad de Harvard, donde se le dio seguimiento a 159 000 participantes, aproximadamente durante 26 años, reveló que las personas más optimistas tuvieron un 10% más probabilidad de vivir hasta los 90 años o más en comparación con las personas más pesimistas.

Un estudio que incluía a 13 594 mujeres de mediana edad mostró que la naturaleza juega un papel importante para la recuperación y la disminución de los niveles de estrés. Las mujeres con acceso a espacios verdes también presentaban mejor cognición y mejor salud mental.

52 Toma el sol

- Quince minutos...

Durante el verano, sal un rato a tomar el sol y recárgate de vitamina D. Disfruta por un momento del calor de los rayos del sol en la piel y mejora notablemente tu salud, porque así se produce esta vitamina, la cual juega un papel crucial para el organismo. Basta con 15 minutos para reponer tus reservas de vitaminas.

¡Atención! Todo con medida. No pases más de 20 minutos bajo el sol, ya que esto aumenta el riesgo de padecer cáncer de piel.

Hallazgos en la literatura científica

Varios estudios establecen una correlación entre las concentraciones bajas de vitamina D y un mayor riesgo de sufrir ciertas enfermedades. Este descubrimiento es importante desde una perspectiva de salud pública, en la que se necesita más información sobre el papel de la exposición de la piel a la luz solar, en particular para grupos como los ancianos, las personas a las que les gusta cubrirse todo el cuerpo o las mujeres que están obligadas a hacerlo.

A continuación, presentaremos algunas cifras relacionadas con el déficit y su riesgo asociado, pero recuerda que lo inverso sucede para quien tome mucho sol.

Un estudio advierte sobre las repercusiones por la falta de exposición a la luz solar en la salud. Se estima que si la gente adoptara el hábito de pasar un tiempo bajo el sol, 340 000 muertes se habrían evitado en Estados Unidos y 480 000 en Europa. Asimismo, la incidencia de cáncer de mama, cáncer de colon, hipertensión arterial sistémica, enfermedades cardiovasculares, esclerosis múltiple, alzhéimer y diabetes mellitus tipo 2 habría disminuido.

Un estudio tras otro muestran los mismos resultados. Un estudio de gran alcance, desarrollado a finales de 2022, dio seguimiento a más de 300 000 personas durante 14 años. En él, se reveló un aumento estadísticamente significativo de riesgo de muerte por déficit de vitamina D. Las personas con las concentraciones más bajas tuvieron un riesgo más alto. ¿Y si ponemos atención a los efectos positivos? Bueno, en un estudio sueco un poco más antiguo, pero bien diseñado, se le dio seguimiento a 29 000 mujeres durante veinte años. Los investigadores descubrieron que un número menor de las mujeres que pasaron tiempo bajo el sol padecían diabetes mellitus tipo 2 o experimentaban trombosis en comparación con las participantes con menor exposición a la luz solar. Entre las mujeres que tomaron sol, la tasa de mortalidad fue hasta un 50% menor.

Por otra parte, cada vez se publican más estudios que sugieren que los suplementos de vitamina D no son eficaces contra la deficiencia. La luz solar y el pescado graso, por el contrario, son dos componentes con efectos garantizados.

52

Ayuda a alguien más

● Quince minutos...

¿Te has dado cuenta de que generalmente disfrutas más cuando das que cuando recibes? Te sientes feliz cuando ayudas a los demás. Se trata de un mecanismo social que conlleva una sensación de bienestar y al mismo tiempo mejora las posibilidades de recibir amor de vuelta. El voluntariado es una alternativa para alejar la soledad. Puede activar tus habilidades sociales y fomentar la sensación de utilidad cuando se participa en un contexto social y se ayuda al prójimo, lo que también causa una sensación positiva en ti.

Lo anterior se puede materializar en pequeñas dosis o a gran escala, pero es muy fácil empezar. Busca una organización de ayuda humanitaria o algún sitio donde se necesiten voluntarios. Si no encuentras estos espacios, aprovecha cada una de las pequeñas oportunidades que se presentan en la vida cotidiana. Por ejemplo, ayúdale a un vecino que quiere poner las decoraciones navideñas y le está costando mucho trabajo, o bien, puedes abrirle la puerta a un desconocido, regalarles una sonrisa a unos padres estresados cuyo hijo llora o recoger algún objeto que cayó al suelo.

Hallazgos en la literatura científica

En un estudio realizado por la Universidad de Harvard que incluía a 13 000 participantes, se observó que las personas que dedicaron tiempo a ayudar a otros o al voluntariado tuvieron un 44% menos riesgo de muerte prematura. Del mismo modo, realizaban mayor actividad física y tenían una mayor sensación de bienestar en comparación con un grupo de personas que no ayudaba a los demás. Se concluyó que, si se ayuda a terceros, la vida propia también se enriquece, lo que otorga una sensación de propósito y bienestar.

Los investigadores recapitulan lo anterior con las siguientes palabras: «Si puedes ayudar a otros, entonces contribuyes a sanar y reparar el mundo y, además, podría ayudarte a ti mismo». Algunos otros estudios confirman la misma idea, incluido un estudio cualitativo sueco con entrevistas a voluntarios. Los participantes realizaron su voluntariado como una oportunidad de buen com-

pañerismo respecto de terceros y sintieron un alivio de soledad por medio de conversaciones importantes con otros. También encontraron un objetivo en la vida y aliviaron su propia soledad.

En otro estudio realizado con 5 882 mujeres viudas, mayores de 50 años, se concluyó que la sensación de soledad era menos perceptible en aquellas participantes que habían empezado a trabajar como voluntarias.

Los mismos resultados figuraron en un estudio con 32 839 personas mayores de 65 años. El trabajo humanitario tuvo repercusiones positivas sobre la calidad de vida y la sensación de soledad.

Capítulo 4

¡Así lo lograrás!

Sabemos qué tan difícil es el cambio de un hábito o la adopción y el desarrollo de uno nuevo. ¿Quién no ha celebrado el Año Nuevo lleno de ilusiones y motivación? «¡Esta vez lo haré!», «Ahora todo es diferente y lograré los cambios necesarios», aunque el plan siga siendo más o menos el mismo de siempre. Y cada vez, penosamente, todo sale mal.

Te sientes un fracasado, desesperanzado e incapaz de lograr lo que al parecer es sencillo para los demás. Piensas que estás destinado a la derrota. «Algo no está bien conmigo, no tengo la suficiente disciplina», se escucha con frecuencia. Tal vez no resulte tan extraño que transcurra un buen tiempo antes de juntar fuerzas para tratar de hacerlo nuevamente. A tiempo para la víspera del siguiente año, quizá.

No eres el único, de hecho, todos funcionamos así. Incluso se ha instituido un día internacional para celebrar este fenómeno: El día de los propósitos incumplidos de Año Nuevo. En algunos países se celebra el segundo viernes de enero de cada año, un día en el cual la mayoría de las personas ya habrán abandonado sus votos para el año nuevo, como un barco que se hunde. Se celebra cuando ya te has rendido, tirado la toalla y ondeado la bandera blanca. Cuando la motivación y la fuerza de voluntad se han agotado.

De hecho, pocas personas tienen suficiente motivación y fuerza de voluntad para lograr aquello que tanto les motiva cuando escuchan las doce campanadas. Sin embargo, hay investigaciones sobre el tema que ofrecen trucos inteligentes y poderosos. Con ellos podrás ser más astuto que en todas esas nocheviejas; a partir de distintos trucos, queremos mostrarte un atajo para desarrollar nuevos hábitos.

«Una vez que adoptas y estableces un nuevo hábito, **te acompañará siempre»**.

¿Cuántas veces no recordamos?: «Ay, sí, es cierto. ¡Debería comer más fruta! Pero... en casa no hay» o «¡Vaya, otra vez olvidé caminar después de la comida!». Parece que no lo logras aunque hayas tomado la decisión de llevar a cabo estas actividades. Hay demasiados pasos por delante para desarrollar una actividad por pura fuerza de voluntad, cuando no es un hábito. «Hazlo y ya» es un lema maravilloso y sencillo en su concepto, pero no es así de simple. Antes de realizar algo, debes recordar que lo quieres hacer, después decidirte a hacerlo, atreverte a emprender la actividad en ese mismo momento, resolver los aspectos prácticos de su ejecución y, por último, realizarlo. En otras palabras, se requieren mucha concentración y energía para llegar a la fase de la ejecución.

Los recordatorios constantes para emprender alguna actividad que no haces con frecuencia representan una tarea ardua. Por desgracia, la confianza en la fuerza de voluntad no es sostenible por mucho tiempo y de ahí que la mayoría de nosotros abandonamos la idea de desarrollar un nuevo hábito mucho antes de la consecución de nuestro objetivo.

Entonces, es hora de desarmar un mito: la motivación y la fuerza de voluntad no son suficientes. No bastan como estrategia y no te conducirán a nuevos hábitos o a mejorar tu salud. Tampoco pasa nada malo, este comportamiento es bastante normal.

Enfócate en los estímulos a tu cerebro

Cuando una acción se convierte en un hábito, el cerebro literalmente activa el piloto automático. Cuando se establece un hábito, se incorpora físicamente a las sinapsis, a las conexiones y al razonamiento.

Con el tiempo, el cerebro fortalece un hábito. Entonces, empiezas a anhelar la repetición de este y además aumenta la dosis de las hormonas de recompensa cuando lo haces. La experiencia más común al respecto se presenta cuando se retoma la actividad física después de una pausa. Al principio, es difícil.

El cuerpo está cansado, lento, mientras que el cerebro se muestra reticente y creativo en sus técnicas persuasivas para definir la inconveniencia de su ejecución. A pesar de que recuerdas el gozo por practicar la actividad, sigues sin recibir esa recompensa. Durante las primeras semanas, confías en tu fuerza de voluntad, luego, a medida que el hábito regresa, comienzas a anhelar la actividad física y experimentas una auténtica sensación de bienestar poco después.

Aquel estrecho sendero que construyes en tu cerebro termina convirtiéndose en una autopista de varios carriles donde es fácil meterse y correr a gran velocidad.

Entonces ya no necesitas adoptar una decisión consciente para comer fruta, ya que sucederá en automático porque se te antoja y después te sientes satisfecho. Si una vez aprendiste a andar en bicicleta, el hábito sigue contigo, incorporado en tu cerebro y no requieres aprenderlo cada que te subes a ella. Incluso si no te has subido a una bicicleta desde las vacaciones anteriores, podrás coordinar de inmediato el pedaleo con la dirección y mantener el equilibrio. Una vez que está bien establecido un hábito, siempre estará contigo; la estructura está afianzada en tu cerebro.

Lo anterior tiene ventajas e inconvenientes. Al cerebro le gustan los hábitos, porque consumen poca energía, sin embargo, no sabe determinar si un hábito es positivo o negativo para ti. Le gustan todos por igual. Los hábitos establecidos se activan de la misma manera y permanecen el mismo tiempo en la memoria, tanto si benefician o perjudican tu salud. Por ello, la eliminación de los llamados malos hábitos requiere una enorme cantidad de energía.

Sugerimos, por lo tanto, un enfoque que busque incorporar varios hábitos con efectos explosivamente positivos para tu salud en lugar de malgastar fuerzas en el cese de tal o cual actividad. Dedica tu tiempo a las acciones que mejoran tu salud en el menor tiempo posible. ¿Y sabes qué? Cuando emprendes un cambio positivo y te empiezas a sentir bien como consecuencia de este cambio, hay menos espacio y deseo para actividades dañinas. Obtendrás un impulso si te concentras en lo positivo.

En otras palabras, agrega elementos positivos, no gastes todas tus fuerzas en evitar aquello que es menos bueno. Si emprendes actividades buenas para ti, entonces podrás manejar un poco los elementos nocivos también.

Cambios en el comportamiento

Los hábitos tienen detonantes. Por ejemplo, la conciencia de una micción inmediata conlleva la premura para llegar al baño, el círculo rojo que trazaste alrededor de una actividad en tu calendario, el momento en el que te encuentras con una persona y la saludas, un sonido que te hace mirar el celular, un despertador insistente o el montón de ropa sucia que te recuerda la exigencia de encender la lavadora.

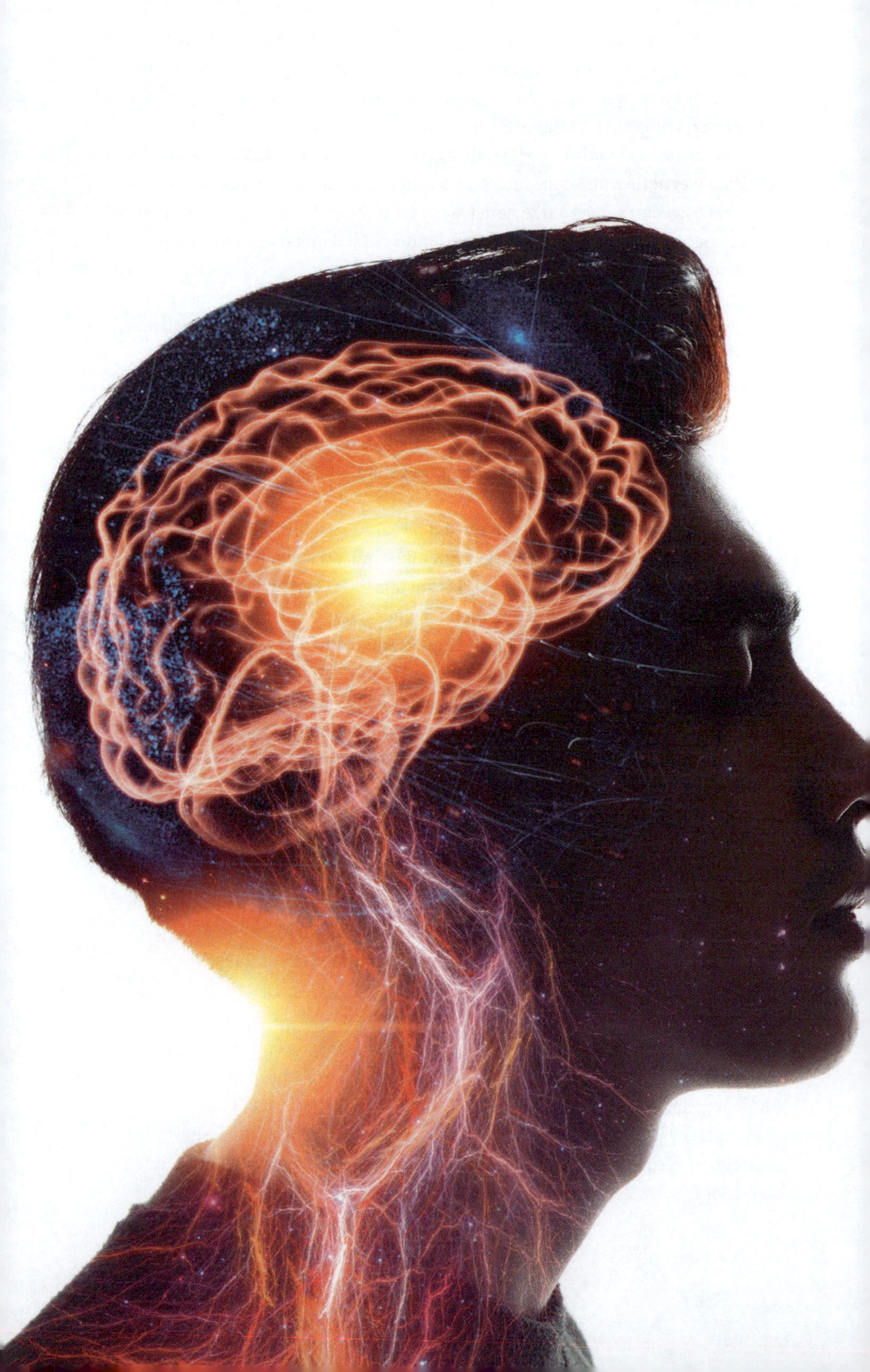

Estos detonantes provocan un comportamiento en ti. Dependiendo de tu elección, obtienes resultados diferentes. Si no te esfuerzas, podrías recibir un regaño de tu jefe. Si no vas al baño, tal vez te orinarías encima. Si ignoraras el montón de ropa sucia, terminarías por comprar ropa interior nueva. Sin embargo, si saludas a aquella persona que encontraste en el camino, tal vez recibas una cálida sonrisa como respuesta. Por lo tanto, un detonante conduce a una acción, y esto produce resultados positivos.

Así funcionan todos nuestros hábitos. Esperamos que no te decepciones al darte cuenta de lo simples que somos como seres humanos.

Pero, en realidad, son buenas noticias: cuanto más sencillo es el sistema, más fácil es programarlo. En la actualidad, se sabe bastante respecto del uso de esta cadena de comportamiento para nuestro beneficio. ¡Y nosotros queremos que tengas éxito! Por lo tanto, te ofreceremos unos consejos eficaces para cambiar tu comportamiento.

Acabamos de tratar la motivación y la fuerza de voluntad casi como si no fueran importantes, pero por supuesto, el mundo tiene sus propios matices. Tu motivación es valiosa y te sirve para arrancar. Asimismo, permite que los siguientes trucos te conduzcan a la adopción de nuevos hábitos.

En el siguiente apartado te ofreceremos un barril de pólvora para el cambio en el comportamiento, donde una combinación de trucos mentales y nuestros microhábitos explosivos pueden llevarte al éxito, mientras logras la rápida automatización de ellos en tu vida diaria. Así, obtendrás efectos explosivos en tu salud cada día.

Truco mental 1: haz uso de la presión social

Nuestros contextos sociales desempeñan un papel muy importante en nuestro comportamiento y nuestros hábitos. Si te rodeas de fumadores, aumenta la probabilidad de que tú también fumes. Si te rodeas de otras personas convencidas de utilizar microhábitos explosivos para mejorar su salud, ya tienes muchas más probabilidades de tener éxito. Somos animales de manada y queremos encajar entre los demás. Queremos ser como los demás de nuestra tribu y hacer todo como ellos, para que así entiendan que también pertenecemos al grupo. Por eso sucumbimos con facilidad a la presión social de una forma u otra. Si tu círculo de amigas y conocidas se viste con trajes de Chanel color rosa, tendrás menos inclinación a aparecer con un traje azul, por ejemplo. En cambio, si tus amigos llevan playeras con estampados de bandas de rock, es más probable que tú también portes tal indumentaria.

Si empiezas a pasar tiempo con amigos que ya acostumbran a hacer lo que tú quisieras hacer y que viven de una forma que a ti te gustaría, entonces tu objetivo parece más alcanzable e incluso factible. Así puedes hacer uso de la presión social para lograr el estilo de vida que deseas.

Lo anterior puede servirte para hacer una revisión de las personas con quienes pasas tu tiempo, o para influir en las actividades de tu círculo social. En este caso, controlas la presión social a la cual estás expuesto y que puede desencadenar el comportamiento al cual aspiras. Después de cambiar el efecto de la presión social, has mejorado el pronóstico para el desarrollo de tus nuevos hábitos.

Invita a tus amigos y conocidos a mejorar su salud junto contigo o busca un grupo de personas que hagan lo mismo que tú. Por supuesto, siempre eres bienvenido a oír nuestro pódcast junto a todos nuestros maravillosos escuchas.

Truco mental 2: moldea tu entorno

No estamos hablando del ambiente claro y reluciente del anuncio de una inmobiliaria, sino del uso inteligente que puedes elegir para establecer recordatorios a partir de tu entorno. De la misma forma en que la fila de trastes sucios en la cocina te hace recordar su lavado correspondiente, también puedes crear otros detonantes en tu entorno físico. Es cierto que el calendario de tu celular dispone de la función para notificarte recordatorios, pero con un poco de creatividad puedes encontrar más formas de alcanzar tus objetivos.

Incorpora detonantes en tu casa, lugar de trabajo, bolsa, incluso en tus zapatos. Imagina que eres uno de los perros de Iván Pávlov. ¿Cuál sería tu campana para desencadenar el comportamiento deseado?

Veamos un ejemplo: te gustaría comer una fruta por día. Sabes que preparas un café todas las mañanas. Entonces, coloca una fruta junto a la cafetera, de preferencia en un lugar que te lleve a moverla para oprimir el botón de encendido.

O si deseas utilizar el hilo dental, pero te cuesta recordarlo por las noches, colócalo en la estantería debajo del espejo, para que notes su presencia cuando te cepilles los dientes.

¿Quieres salir a pasear tan pronto como vuelvas a casa después del trabajo? Coloca tus tenis y ropa cómoda junto a la puerta. Cuando abras la puerta después de llegar del trabajo, sabrás que debes pasar encima de tu ropa para poder caminar, o bien, te cambias, te ajustas los tenis y de una vez sales a caminar.

Truco mental 3: apila hábitos

Imagina una pila de libros, en la que cada uno representa un hábito; más o menos así funciona este truco. Seleccionas un hábito y apilas otro encima. Parece trivial, pero es ingenioso, ya que te ayuda a adoptar un nuevo hábito en menos tiempo.

El paso más difícil para desarrollar un nuevo hábito, por lo general, no es el comportamiento como tal, sino la presencia de un detonante que funcione.

«El paso más difícil para desarrollar un nuevo hábito, por lo general, no es el comportamiento como tal, sino la presencia de **un detonante que funcione».**

Recuerda prestar atención a tu nuevo detonante, tu reacción consecuente y la acción posterior. Un atajo increíble conlleva el aprovechamiento de algo que ya estás haciendo.

Te explicamos: piensa en una actividad que ya ejecutas con la frecuencia con la cual te gustaría emprender tu nuevo hábito. Si es posible, piensa en una tarea automática. Por ejemplo, Bertil incorporó un nuevo hábito al mismo tiempo que se cepilla los dientes por la noche. Aprovecha esa situación para ponerse sobre una pierna y mejorar su equilibrio.

El truco no reside en la creación de un nuevo detonante, sino que tu nuevo hábito se está aprovechando de un hábito ya existente.

Un ejemplo: trabaja tu pausa de respiración al mismo tiempo que tu pausa al hacer ejercicio. Haz tu actividad y, de manera simultánea, respira profundamente unas cuantas veces. Así es mucho más fácil incorporar los dos hábitos en tu vida diaria. ¡Dos pájaros explosivos de un tiro! Posdata: puedes trabajar más de dos hábitos a la vez.

¡Gracias!

A nuestra increíble audiencia por acompañarnos durante el viaje y contarnos los cambios que han puesto en marcha. ¡Los queremos!

Linn

A todos los expertos e investigadores que han compartido con generosidad y curiosidad sus conocimientos en el pódcast y nos han animado a seguir con la divulgación científica de esa manera.

A Martin Hjorth y Alexander Avelin por el apoyo y las llamadas para ayudarnos a publicar los episodios del pódcast, los cursos, este libro, entre otros menesteres.

Y a Bertil, por sumarte a esta aventura sin saber ni siquiera lo que era un pódcast. Eres un pilar para el programa y, además, nuestra curiosidad nos trae mucha diversión. ¡Agradezco tanto que estés en mi vida!

Bertil

A Åsa, mi adorada esposa, por apoyarme de todas las formas posibles a lo largo de este viaje como autor, en este tiempo que estuviste con nosotros. Sin ti, no habría tenido la energía ni el deseo de asumir este desafío.

Y a Linn, porque me guiaste a través de un mundo digital de pódcast, seminarios web y enlaces de todo tipo. Nunca pensé que lo conseguiría, pero lo hice gracias a tus conocimientos, tu inspiración y tu inagotable paciencia.

Ambos queremos extender un agradecimiento especial a Cecilia Viklund y Anna Flodberg, quienes apoyaron nuestra idea con mucho entusiasmo y de manera incondicional.

Bibliografía

Bibliografía general sobre la longevidad

P. Di Giosia, C. A. Stamerra, P. Giorginir *et al*. «The role of nutrition in inflammaging», *Ageing Research Reviews* 77, mayo de 2022, p. 101596. doi:10.1016/j.arr.2022.101596.

T. Fulop, A. Larbi, G. Pawelec *et al*. «Immunology of aging: the birth of inflammaging», *Clinical Review in Allergy & Immunology* 64, núm. 2, abril 2023, pp. 109-122. doi:10.1007/s12016-021-08899-6.

1. Mejora tu comida

F. F. Cox, A. Misiou, A. Vierkant *et al*. «Protective effects of curcumin in cardiovascular diseases-impact on oxidative stress and mitochondria», *Cells*, 11, núm. 3, 20 de enero de 2022, p. 342. doi:10.3390/cells11030342.

J. Isbill, J. Kandiah y N. Kružliaková. «Opportunities for health promotion: Highlighting herbs and spices to improve immune support and well-being», *Integrative Medicine (Encinitas)* 19, núm. 5, octubre de 2020, pp. 30-42. PMID33488303. PMCIDPMC7815254.

K. S. Petersen, S. Anderson, J. R. Chen See *et al*. «Herbs and spices modulate gut bacterial composition in adults at risk for cvd: Results of a prespecified exploratory analysis from a randomized, cross-over, controlled-feeding study», *The Journal of Nutrition* 152, núm. 11, noviembre de 2022, pp. 2461-2470. doi:10.1093/jn/nxac201.

O. Bozkurt, B. Kocaadam-Bozkurt y H. Yildiran. «Effects of curcumin, a bioactive component of turmeric, on type 2 diabetes mellitus and its complications: An updated review», *Food Funct* 13, núm. 23, noviembre de 2022, pp. 11999-12010. doi:10.1039/ d2fo02625b.

2. Respira profundamente

S. I. Hopper, S. L. Murray, L. R. Ferrara *et al*. «Effectiveness of diaphragmatic breathing for reducing physiological and psychological stress in adults: A quantitative systematic review», *JBI Database of Systematic Reviews and Implementation Reports* 17, núm. 9, septiembre de 2019, pp. 1855-1876. doi:10.11124/JBISRIR-2017-003848.

3. Come un poco de frutos secos

E. Ros, A. Singh y J. H. O'Keefe. «Nuts: Natural pleiotropic nutraceuticals», *Nutrients* 13, núm. 9, 19 de septiembre de 2021, p. 3269. doi:10.3390/nu13093269.

R. Balakrishna, T. Bjørnerud, M. Bemanian *et al*. «Consumption of nuts and seeds and health outcomes including cardiovascular disease, diabetes and metabolic disease, cancer, and mortality: An umbrella review», *Advances in Nutrition* 13, núm. 6, 22 de diciembre de 2022, pp. 2136-2148. doi:10.1093/advances/nmac077.

S. Carter, A. M. Hill, J. D. Buckley *et al*. «Acute feeding with almonds compared to a carbohydrate-based snack improves appetite-regulating hormones with no effect on self-reported appetite sensations: A randomised controlled trial», *European Journal of Nutrition* 62, núm. 2, marzo de 2023, pp. 857-866. doi:10.1007/s00394-022-03027-2.

T. Gervasi, D. Barreca, G. Laganà *et al*. «Health benefits related to tree nut consumption and their bioactive compounds», *International Journal of Molecular Sciences* 22, núm. 11, 31 de mayo de 2021, p. 5960. doi:10.3390/ijms22115960.

4. Presta atención a los pequeños detalles

C. Krittanawong, N. S. Maitra, H. U. Hassan Virk *et al*. «Association of optimism with cardiovascular events and all-cause mortality: Systematic review and meta-analysis». *The American Journal of Medicine* 135, núm. 7, julio de 2022, pp. 856-863, e2. doi:10.1016/j.amjmed.2021.12.023.

5. Contacta a una persona a quien extrañes

R. Waldinger y M. Schulz. *The good life: Lessons from the world's longest scientific study on happiness*. Nueva York: Simon & Schuster, 2023.

6. Elige el arcoíris

S. Naghshi, O. Sadeghi, W. C. Willett y A. Esmaillzadeh. «Dietary intake of total, animal, and plant proteins and risk of all cause, cardiovascular, and cancer mortality: Systematic review and dose-response meta-analysis of prospective cohort studies», *The BMJ* 370, 22 de julio de 2020, p. m2412. doi:10.1136/bmj.m2412.

S. S. Ali, Ahsan, H. Ali *et al*. «Understanding oxidants and antioxidants: Classical team with new players», *Journal of Food Biochemistry* 44, núm. 3, marzo de 2020, p. e13145. doi:10.1111/jfbc.13145.

7. Siéntete satisfecho

A. Rozanski, C. Bavishi, L. D. Kubzansky y R. Cohen. «Association of optimism with cardiovascular events and all-cause mortality: A systematic review and meta-analysis», *JAMA Netw Open* 2, núm. 9, 4 de septiembre de 2019, p. e1912200. doi:10.1001/jamanetwor-kopen.2019.12200.

E. S. Kim, K. A. Hagan, F. Grodstein *et al*. «Optimism and cause-specific mortality: A prospective cohort study», *Am J Epidemiol* 185, núm. 1, 1 de enero de 2017, pp. 21-29. doi:10.1093/aje/kww182.

8. Rocía tu comida con aceite de oliva

M. Guasch-Ferré, Y. Li, W. C. Willett *et al*. «Consumption of olive oil and risk of total and cause-specific mortality among U.S. adults», *Journal of the American College of Cardiology* 79, núm. 2, 2022, pp. 101-112.

9. Haz un cumplido significativo

R. Waldinger y M. Schulz. *The good life: Lessons from the world's longest scientific study on happiness*. Nueva York: Simon & Schuster, 2023.

10. Trátate con más amabilidad

H. Kirschner, W. Kuyken, K. Wright *et al*. «Soothing your heart and feeling connected: a new experimental paradigm to study the benefits of self-compassion», *Clinical Psychological Science* 7, núm. 3, mayo de 2019, pp. 545-565. doi:10.1177/2167702618812438.

R. C. Thurston, M. M. Fritz, Y. Chang *et al*. «Self-compassion and subclinical cardiovascular disease among midlife women», *Health Psychology* 40, núm. 11, noviembre de 2021, pp. 747-753. doi:10.1037/hea0001137.

11. Prueba algo diferente en la mesa

A. M. Senior, V. Legault, F. B. Lavoie *et al*. «Multidimensional associations between nutrient intake and healthy ageing in humans», *BMC Biology* 20, núm. 196, 2022, pp. 1-17. doi:10.1186/s12915-022-01395-z.

L. G. Snetselaar, J. M. de Jesus, D. M. DeSilva y E. E. Stoody. «Dietary guidelines for americans, 2020-2025: Understanding the scientific process, guidelines, and key recommendations», *Nutrition Today* 56, núm. 6, noviembre-diciembre de 2021, pp. 287-295. doi:10.1097/NT.0000000000000512.

Y. Zhao, Y. Li, W. Wang *et al*. «Low-carbohydrate diets, low-fat diets, and mortality in middle-aged and older people: A prospective cohort study», *Journal of Internal Medicine*, 3 de mayo 2023. doi:10.1111/joim.13639.

12. Agradece con todo tu corazón

R. A. Emmons. «From the science of gratitude to a global gratitude movement», *Journal of Psychology and Christianity* 38, núm. 3, 2019, pp. 198-205.

R. Waldinger y M. Schulz. *The good life: Lessons from the world's longest scientific study on happiness*. Nueva York: Simon & Schuster, 2023.

Y. Komase, K. Watanabe, D. Hori *et al*. «Effects of gratitude intervention on mental health and well-being among workers: A systematic review», *Journal of Occupational Health* 63, núm. 1, enero de 2021, p. e12290. doi:10.1002/1348-9585.12290.

13. Siéntate junto a la ventana

F. X. Fernandez. «Current insights into optimal lighting for promoting sleep and circadian health: Brighter days and the importance of sunlight in the built environment», *Nature and Science of Sleep* 14, 6 de enero de 2022, pp. 25-39. doi:10.2147/NSS.S251712.

14. Sustituye la carne

S. Naghshi, O. Sadeghi, W. C. Willett y A. Esmaillzadeh. «Dietary intake of total, animal, and plant proteins and risk of all cause, cardiovascular, and cancer mortality: Systematic review and dose-response meta-analysis of prospective cohort studies», *The BMJ* 370, 22 de julio de 2020, p. m2412. doi:10.1136/bmj.m2412.

15. Reduce el número de pasos en tu celular

B. del Pozo Cruz, M. N. Ahmadi, I. M. Lee y E. Stamatakis. «Prospective associations of daily step counts and intensity with cancer and cardiovascular disease incidence and mortality and all-cause mortality», *JAMA Internal Medicine* 182, núm. 11, 1 de noviembre de 2022, pp. 1139-1148. doi:10.1001/jamainternmed.2022.4000. PMID36094529.

I. M. Lee, E. J. Shiroma, M. Kamada *et al*. «Association of step volume and intensity with all-cause mortality in older women», *JAMA Internal Medicine* 179, núm. 8, 1 de agosto de 2019, pp. 1105–1112. doi:10.1001/jamainternmed.2019.0899.

16. Di que no

G. Russell y S. Lightman. «The human stress response», *Nature Reviews Endocrinology* 15, núm. 9, septiembre de 2019, pp. 525-534. doi:10.1038/s41574-019-0228-0.

17. Come primero la ensalada

B. K. Ferguson y P. B. Wilson. «Ordered eating and its effects on various postprandial health markers: a systematic review», *Journal of American Nutrition Association*, 27 de diciembre de 2022, pp. 1-12. doi:10.1080/27697061.2022.2161664.

K. Nishino, M. Sakurai, Y. Takeshita y T. Takamura. «Consuming carbohydrates after meat or vegetables lowers postprandial excursions of glucose and insulin in nondiabetic subjects», *Journal of Nutritional Science and Vitaminology* (Tokyo) 64, núm. 5, 2018, pp. 316-320. doi:10.3177/jnsv.64.316.

18. Ponte de pie, por el bien de tu salud

C. Cunningham, R. O'Sullivan, P. Caserotti y M. A. Tully. «Consequences of physical inactivity in older adults: A systematic review of reviews and meta-analyses», *Scandinavian Journal of Medicine & Science in Sports* 30, núm. 5, mayo de 2020, pp. 816-827. doi:10.1111/sms.13616.

Folkhälsomyndigheten (Agencia de Salud Pública de Suecia). «Kunskapsstöd för främjande av fysisk aktivitet och minskat stillasittande» [Apoyo a los conocimientos para fomentar la actividad física y reducir el comportamiento sedentario], artículo núm. 21099, 2021. https://www.folkhalsomyndigheten.se/publikationer-och-material/publikationsarkiv/r/riktlinjer-for-fysisk-aktivitet-och-stil-lasittande/.

19. Piensa en aquello por lo que sientes gratitud

L. O. Lee, P. James, E. S. Zevon *et al.* «Optimism is associated with exceptional longevity in 2 epidemiologic cohorts of men and women», *PNAS USA* 116, núm. 37, 10 de septiembre de 2019, pp. 18357-18362. doi:10.1073/pnas.1900712116.

20. Platica con alguien

J. Abel, H. Kingston, A. Scally *et al.* «Reducing emergency hospital admissions: A population health complex intervention of an enhanced model of primary care and compassionate communities», *British Journal of General Practice* 68, núm. 676, noviembre de 2018, pp. e803-e810. doi:10.3399/bjgp18X699437.

R. Waldinger y M. Schulz. *The good life: Lessons from the world's longest scientific study on happiness*. Nueva York: Simon & Schuster, 2023.

21. Sírvete un poco de todo en el *buffet* de ensaladas

E. Mazza, Y. Ferro, R. Pujia *et al.* «Mediterranean diet in healthy aging», *The Journal of Nutrition: Health & Aging* 25, núm. 9, 2021, pp. 1076-1083. doi:10.1007/s12603-021-1675-6.

J. Delgado-Lista, J. F. Alcala-Diaz, J. D. Torres-Peña *et al.* «Long-term secondary prevention of cardiovascular disease with a Mediterranean diet and a low-fat diet (cordioprev): A randomised controlled trial», *The Lancet* 399, núm. 10338, 14 de mayo de 2022, pp. 1876-1885. doi:10.1016/S0140-6736(22)00122-2.

22. Piensa cariñosamente

J. F. Cryan, K. J. O'Riordan, C. S. M. Cowan *et al.* «The microbiota-gut-brain Axis», *Physiological Review* 99, núm. 4, 1 de octubre de 2019, pp. 1877-2013. doi:10.1152/physrev.00018.2018.

S. Ballou y J. H. Feingold. «Stress, resilience, and the brain-gut axis: why is psychogastroenterology important for all digestive disorders?», *Gastroenterology Clinics of North America* 51, núm. 4, diciembre de 2022, pp. 697-709. doi:10.1016/j.gtc.2022.07.001.

23. Usa hilo dental

E. Muñoz Aguilera, J. Suvan, J. Buti *et al.* «Periodontitis is associated with hypertension: A systematic review and meta-analysis», *Cardiovascular research* 116, núm. 1, 2020, pp. 28–39. [La periodontitis está conectada con la hipertensión: una revisión sistemática y metaanálisis].

G. Baima, M. Romandini, F. Citterio *et al.* «Periodontitis and accelerated biological aging: A geroscience approach», *Journal of dental research* 101, núm. 2, 2022, pp. 125-132.

G. Ferrannini, A. Norhammar, M. Almosawi *et al.* «Periodontitis and cardiovascular outcome –a prospective follow-up of the PAROKRANK cohort», *European Heart Journal* 42, suplemento 1, 2021, p. ehab 724-1120. doi:10.1093/eurheart/ehab724.11120.

L. Rydén, K. Buhlin, E. Ekstrand *et al.* «Periodontitis increases the risk of a first myocardial infarction: a report from the parokrank study», *Circulation* 133, núm. 6, 9 de febrero de 2016, pp. 576-83. doi:10.1161/CIRCULATIONAHA.115.020324.

R. G. Fischer, R. Lira Junior, B. Retamal-Valdes *et al.* «Periodontal disease and its impact on general health in Latin America: Section V; Treatment of periodontitis», *Brazilian Oral Research* 34, suplemento 11, 9 de abril de 2020, p. e026. doi:10.1590/1807-3107bor-2020.vol34.0026.

24. Come una fruta

V. Miller, A. Mente, M. Dehghan *et al.* «Fruit, vegetable, and legume intake, and cardiovascular disease and deaths in 18 countries (PURE): A prospective cohort study», *The Lancet* 390, núm. 10107, 2017, pp. 2037-2049. doi:10.1016/S0140-6736(17)32253-5.

25. Dale unas microvacaciones al cerebro

B. Cui, F. Peng, J. Lu *et al.* «Cancer and stress: NextGen strategies», *Brain, Behavior, and Immunity* 93, marzo de 2021, pp. 368-383. doi:10.1016/j.bbi.2020.11.005.

K. F. Yuan, J. Y. Shi, L. Y. Peng *et al.* «A review of progress of the relation between stress response and diabetes mellitus», *Sichuan Da Xue Xue Bao Yi Xue Ban* 52, núm. 1, enero de 2021, pp. 64-69. doi:10.12182/20210160103.

K. M. Harris, D. L. Jacoby, R. Lampert *et al.* «Psychological stress in heart failure: a potentially actionable disease modifier», *Heart Failure Review* 26, núm. 3, mayo de 2021, pp. 561-575. doi:10.1007/s10741-020-10056-8.

M. Saeedi y A. Rashidy-Pour, «Association between chronic stress and Alzheimer's disease: therapeutic effects of saffron», *Biomedicine & Pharmacotherapy* 133, enero de 2021, p. 110995. doi:10.1016/j.biopha.2020.110995.

M. T. Osborne, L. M. Shin, N. N. Mehta *et al.* «Disentangling the links between psychosocial stress and cardiovascular disease», *Circulation: Cardiovascular imaging* 13, núm. 8, agosto de 2020, p. e010931. doi:10.1161/CIRCIMAGING.120.010931.

R. E. van der Meer, A. H. Maas. «The role of mental stress in ischaemia with no obstructive coronary artery disease and coronary vasomotor disorders», *European Cardiology Review* 16, 12 de octubre de 2021, p. e37. doi:10.15420/ecr.2021.20. PMID34721671.

26. Acompaña el café con un trozo de chocolate amargo

B. Zhao, L. Gan, K. Yu *et al.* «Relationship between chocolate consumption and overall and cause-specific mortality, systematic review and updated meta-analysis», *European Journal of Epidemiology* 37, núm. 4, abril de 2022, pp. 321-333. doi:10.1007/s10654-022-00858-5.

27. Haz limpieza profunda

E. Stamatakis, M. N. Ahmadi, J. M. R. Gill *et al.* «Association of wearable device-measured vigorous intermittent lifestyle physical activity with mortality», *Nature Medicine* 28, 8 de diciembre de 2022, pp. 2521-2529. doi:10.1038/s41591-022-02100-x.

28. Flexiona los músculos

K. M. Mazzilli, C. E. Matthews, E. A. Salerno y S. C. Moore. «Weight training and risk of 10 common types of cancer», *Medicine & Science in Sports & Exercise* 51, núm. 9, septiembre de 2019, pp. 1845-1851. doi:10.1249/MSS.0000000000001987.

R. El-Kotob, M. Ponzano, J-P. Chaput *et al.* «Resistance training and health in adults: An overview of systematic reviews», *Applied Physiology, Nutrition, and Metabolism* 45, núm. 10, suplemento 2, pp. S165-S179. doi:10.1139/apnm-2020–0245.

Y. Liu, D. C. Lee, Y. Li *et al.* «Associations of resistance exercise with cardiovascular disease morbidity and mortality», *Medicine & Science in Sports & Exercise* 51, núm. 3, marzo de 2019, pp. 499-508. doi:10.1249/MSS.0000000000001822.

29. Consume pan integral

A. Reynolds, J. Mann, J. Cummings *et al.* «Carbohydrate quality and human health: A series of systematic reviews and meta-analyses», *The Lancet* 393, núm. 10170, 2 de febrero de 2019, pp. 434-445. doi:10.1016/S0140-6736(18)31809-9.

N. Veronese, M. Solmi, M. G. Caruso *et al.* «Dietary fiber and health outcomes: An umbrella review of systematic reviews and meta-analyses», *American Journal of Clinical Nutrition* 107, núm. 3, 1 de marzo de 2018, pp. 436-444. doi:10.1093/ajcn/nqx082. PMID29566200.

30. Haz una pausa y ejercítate

Folkhälsomyndigheten (Agencia de Salud Pública de Suecia), «Riktlinjer för fysisk aktivitet och stillasittande» [Directrices para la actividad física y el comportamiento sedentario], artículo núm. 21099, 2021. https://www.folkhalsomyndigheten.se/contentassets/106a679e1f6047eca88262bfdcbeb145/riktlinjer-fysisk-aktivitet-stillasittande.pdf

31. Habla con alguien que parezca estar solo

J. Abel, H. Kingston, A. Scally *et al.* «Reducing emergency hospital admissions: A population health complex intervention of an enhanced model of primary care and compassionate communities», *British Journal of General Practice* 68, núm. 676, noviembre de 2018, pp. e803-e810. doi:10.3399/bjgp18X699437.

32. Bebe una taza de café

M. Di Maso, P. Boffetta, E. Negri *et al.* «Caffeinated coffee consumption and health outcomes in the US population: A dose-response meta-analysis and estimation of disease cases and deaths avoided», *Advances in Nutrition* 12, núm. 4, 30 de julio de 2021, pp. 1160-1176. doi:10.1093/advances/nmaa177.

S. Shin, J. E. Lee, E. Loftfield *et al.* «Coffee and tea consumption and mortality from all causes, cardiovascular disease and cancer: A pooled analysis of prospective studies from the Asia cohort consortium», *International Journal of Epidemiology* 52, núm. 2, 9 de mayo de 2022, pp. 626-640. doi:10.1093/ ije/dyab161.

33. Respira como los Navy SEAL

S. I. Hopper, S. L. Murray, L. R. Ferrara y J. K. Singleton. «Effectiveness of diaphragmatic breathing for reducing physiological and psychological stress in adults: A quantitative systematic review», *JBI Database of Systematic Reviews and Implementation Reports* 17, núm. 9, septiembre de 2019, pp. 1855-1876. doi:10.11124/JBISRIR-2017-003848.

34. Prepárate un licuado

L. G. Snetselaar, J. M. de Jesus, D. M. DeSilva, E. E. Stoody. «Dietary guidelines for americans, 2020-2025: Understanding the scientific process, guidelines, and key recommendations», *Nutrition Today* 56, núm. 6, noviembre-diciembre de 2021, pp. 287-295. doi:10.1097/NT.0000000000000512.

35. Escucha música

M. de Witte, A. Spruit, S. van Hooren *et al.* «Effects of music interventions on stress-related outcomes: A systematic review and two meta-analyses», *Health Psychology Review* 14, núm. 2, junio de 2020, pp. 294-324. doi:10.1080/17437199.2019.1627897.

M. de Witte, A. D. S. Pinho, G. J. Stams *et al.* «Music therapy for stress reduction: A systematic review and meta-analysis», *Health Psychology Review* 16, núm. 1, marzo de 2022, pp. 134-159. doi:10.1080/17437199.2020.1846580.

M. M. Wong, T. Tahir, M. M. Wong *et al.* «Biomarkers of stress in music interventions: A systematic review», *Journal of Music Therapy* 58, núm. 3, 24 de agosto de 2021, pp. 241-277. doi:10.1093/jmt/thab003.

36. Imagina a tu mejor yo

J. M. Malouff y N. S. Schutte. «Can psychological interventions increase optimism? A meta-analysis», *The Journal of Positive Psychology* 12, núm. 6, 2017, pp. 594-604.

N. Mohammadi, A. Aghayousefi, G. R. Nikrahan *et al.* «The impact of an optimism training intervention on biological measures associated with cardiovascular health: Data from a randomized controlled trial», *Psychosomatic Medicine* 82, núm. 7, septiembre de 2020, pp. 634-640. doi:10.1097/PSY.0000000000000834.

N. Mohammadi, A. Aghayousefi, G. R. Nikrahan *et al.* «A randomized trial of an optimism training intervention in patients with heart disease», *General Hospital Psychiatry* 51, 2018, pp. 46-53.

37. Limpia tu microbiota intestinal: come algo fermentado

E. Hadjimbei, G. Botsaris y S. Chrysostomou. «Beneficial effects of yoghurts and probiotic fermented milks and their functional food potential», *Foods* 11, núm. 17, 3 de septiembre de 2022, p. 2691. doi:10.3390/foods11172691.

F. Ansari, H. Pourjafar, A. Tabrizi y A. Homayouni. «The effects of probiotics and prebiotics on mental disorders: a review on depression, anxiety, alzheimer, and autism spectrum disorders», *Current Pharmaceutical Biotechnology* 21, núm. 7, 2020, pp. 555-565. doi:10.2174/1389201021666200107113812.

H. Wu y J. Chiou. «Potential benefits of probiotics and prebiotics for coronary heart disease and stroke», *Nutrients* 13, núm. 8, 2021, p. 2878.

S. Mörkl, M. I. Butler, A. Holl *et al.* «Probiotics and the microbiota-gut-brain axis: focus on psychiatry», *Current Nutrition Reports* 9, núm. 3, septiembre de 2020, pp. 171-182. doi:10.1007/s13668-020-00313-5.

38. Disfruta de una taza de té

M. Mahdavi-Roshan, A. Salari, Z. Ghorbani y A. Ashouri. «The effects of regular consumption of green or black tea beverage on blood pressure in those with elevated blood pressure or hypertension: A systematic review and meta-analysis», *Complementary Therapies in Medicine* 51, junio de 2020, p. 102430. doi:10.1016/j.ctim.2020.102430.

S. Samanta. «Potential bioactive components and health promotional benefits of tea (*Camellia sinensis*)», *Journal of American Nutrition Association* 41, núm. 1, enero de 2022, pp. 65-93. doi:10.1080/07315724.2020.1827082.

S. Shin, J. E. Lee, E. Loftfield *et al.* «Coffee and tea consumption and mortality from all causes, cardiovascular disease and cancer: a pooled analysis of prospective studies from the Asia cohort consortium», *International Journal of Epidemiology* 51, núm. 2, 9 de mayo de 2022, pp. 626-640. doi:10.1093/ije/dyab161.

39. Hazlo al revés por el bien de la amistad

A. Freedman y J. Nicolle. «Social isolation and loneliness: The new geriatric giants; Approach for primary care», *Canadian Family Physician* 66, núm. 3, marzo de 2020, pp. 176-182.

J. Vila. «Social Support and Longevity: Meta-analysis-based evidence and psychobiological mechanisms», *Frontiers in Psychology* 12, 13 de septiembre de 2021, p. 717164. doi:10.3389/fpsyg.2021.717164.

N. M. Golaszewski, A. Z. LaCroix, J. G. Godino *et al.* «Evaluation of social isolation, loneliness, and cardiovascular disease among older women in the US», *JAMA Network Open* 5, núm. 2, 2022, p. e2146461.

40. Da un paseo corto y rápido

K. Suwabe, K. Byun, K. Hyodo *et al.* «Rapid stimulation of human dentate gyrus function with acute mild exercise», *Proceedings of the National Academy of Aciences* 115, núm. 41, 2018, pp. 10487-10492.

P. F. Saint-Maurice, B. I. Graubard, R. P. Troiano *et al.* «Estimated number of deaths prevented through increased physical activity among US adults», *JAMA Internal Medicine* 182, núm. 3, 2022, pp. 349-352. doi:10.1001/jamainternmed.2021.7755.

S. L. Aghjayan, T. Bournias, C. Kang *et al.* «Aerobic exercise improves episodic memory in late adulthood: A systematic review and meta-analysis», *Communications Medicine* 2, núm. 1, 2022, p. 15. doi:10.1038/s43856-022-00079-7.

41. Suéltate y baila

A. Fong Yan, S. Cobley, C. Chan *et al.* «The effectiveness of dance interventions on physical health outcomes compared to other forms of physical activity: A systematic review and meta-analysis», *Sports Medicine* 48, núm. 4, abril de 2018, pp. 933-951. doi:10.1007/s40279-017-0853-5.

K. M. Diaz, A. T. Duran, N. Colabianchi *et al.* «Potential effects on mortality of replacing sedentary time with short sedentary bouts or physical activity: A national cohort study», *American Journal of Epidemiology* 188, núm. 3, 2019, pp. 537-544. doi:10.1093/aje/kwy271.

Z. Pedisic, N. Shrestha, S. Kovalchik *et al.* «Is running associated with a lower risk of all-cause, cardiovascular and cancer mortality, and is the more the better? A systematic review and meta-analysis», *British Journal of Sports Medicine* 54, núm. 15, agosto de 2020, pp. 898-905. doi:10.1136/bjsports-2018-100493.

42. Practica yoga

M. C. Pascoe y I. E. Bauer. «A systematic review of randomised control trials on the effects of yoga on stress measures and mood», *Journal of Psychiatric Research* 68, 2015, pp. 270-82. doi:10.1016/j.jpsychires.2015.07.013.

R. El-Kotob, M. Ponzano, J-P. Chaput *et al.* «Resistance training and health in adults: An overview of systematic reviews», *Applied Physiology, Nutrition, and Metabolism* 45, núm. 10, suplemento 2, pp. S165–S179. doi:10.1139/apnm-2020-0245.

43. Tómate un poco de tiempo para no hacer nada

M. Worthen y E. Cash. «Stress management», *StatPearls* [Internet], Treasure Island (F. L.), StatPearls Publishing, enero de 2023. [Consultado: 22 de agosto de 2022].

44. Sincroniza tus paseos

T. Engeroff, D. A. Groneberg y J. Wilke. «After dinner rest a while, after supper walk a mile? A Systematic review with meta-analysis on the acute postprandial glycemic response to exercise before and after meal ingestion in healthy subjects and patients with impaired glucose tolerance», *Sports Medicine* 53, núm. 4, abril de 2023, pp. 849-869. doi:10.1007/s40279-022-01808-7.

45. Cada movimiento te rejuvenece

J. Denham y M. Sellami. «Exercise training increases telomerase reverse transcriptase gene expression and telomerase activity: A systematic review and meta-analysis», *Ageing Research Review* 70, septiembre de 2021, p. 101411. doi:10.1016/j.arr.2021.101411.

Folkhälsomyndigheten, «Kunskapsstöd för främjande av fysisk aktivitet och minskat stillasittande» [Apoyo al conocimiento para promover la actividad física y reducir el comportamiento sedentario], artículo núm. 21099, 2021. https://www.folkhalsomyndigheten.se/publikationer-och-material/publikationsarkiv/r/riktlinjer-for-fysisk-aktivitet-och-stillasittande/

P. F. Saint-Maurice, B. I. Graubard, R. P. Troiano *et al.* «Estimated number of deaths prevented through increased physical activity among US adults», *JAMA Internal Medicine* 182, núm. 3, 2022, pp. 349-352. doi:10.1001/jamainternmed.2021.7755.

46. Llámale a un amigo

R. Waldinger y M. Schulz. *The good life: Lessons from the world's longest scientific study on happiness*. Nueva York: Simon & Schuster, 2023.

47. Disfruta de la luz natural, aunque esté nublado

A. Wirz-Justice, D. J. Skene y M. Münch. «The relevance of daylight for humans». *Biochemical Pharmacology* 191, septiembre de 2021, p. 114304. doi:10.1016/j.bcp.2020.114304.

48. Haz cardio: estimula la molécula milagrosa

D. Ruiz-González, A. Hernández-Martínez, P. L. Valenzuela *et al.* «Effects of physical exercise on plasma brain-derived neurotrophic factor in neurodegenerative disorders: A systematic review and meta-analysis of randomized controlled trials», *Neuroscience & Biobehavioral Review* 128, septiembre de 2021, pp. 394-405. doi:10.1016/j.neubiorev.2021.05.025.

T. Ben-Zeev, Y. Shoenfeld y J. R. Hoffman, «The effect of exercise on neurogenesis in the brain», *The Israel Medical Association Journal* 24, núm. 8, agosto de 2022, pp. 533-538. PMID: 35971998.

49. Haz algo que disfrutes

T C. Kawas y M. Corrada [investigadoras principales], The 90+ Study, University of California, 2003-en curso. http://mind.uci.edu/research-studies/90plus-study/.

50. Sal a tomar un café con amigos

D. Buettner y S. Skemp. «Blue Zones: Lessons from the world's longest lived», *American Journal of Lifestyle Medicine* 10, núm. 5, 7 de julio de 2016, pp. 318-321. doi:10.1177/1559827616637066.

J. Holt-Lunstad, T. B. Smith y J. B. Layton. «Social relationships and mortality risk: a meta-analytic review», *PLOS Medicine* 7, núm. 7, 27 de julio de 2010, p. e1000316. doi:10.1371/journal.pmed.1000316.

51. Disfruta de un paseo

H. K. Koga, C. Trudel-Fitzgerald, L. O. Lee *et al.* «Optimism, lifestyle, and longevity in a racially diverse cohort of women», *Journal of American Geriatrics Society* 70, núm. 10, octubre de 2022, pp. 2793-2804. doi:10.1111/jgs.17897.

M. P. Jimenez, E. G. Elliott, N. V. DeVille *et al.* «Residential green space and cognitive function in a large cohort of middle-aged women», *JAMA Network Open* 5, núm. 4, 2022, p. e229306. doi:10.1001/jamanetworkopen.2022.9306.

52. Toma el sol

J. P. Sutherland, A. Zhou y E. Hyppönen. «Vitamin D deficiency increases mortality risk in the UK biobank: A nonlinear mendelian randomization study», *Annals of Internal Medicine* 175, núm. 11, noviembre de 2022, pp. 1552-1559. doi:10.7326/M21-3324.

L. Alfredsson, B. K. Armstrong, D. A. Butterfield *et al.* «Insufficient sun exposure has become a real public health problem», *International Journal of Environment Research and Public Health* 17, núm. 14, 13 de julio de 2020, p. 5014. doi:10.3390/ijerph17145014.

P. G. Lindqvist, E. Epstein, K. Nielsen *et al.* «Avoidance of sun exposure as a risk factor for major causes of death: A competing risk analysis of the melanoma in southern Sweden cohort», *Journal of Internal Medicine* 280, núm. 4, octubre de 2016, pp. 375-387. doi:10.1111/joim.12496.

53. Ayuda a alguien más

D. C. Carr, B. L. Kail, C. Matz-Costa y Y. Z. Shavit. «Does becoming a volunteer attenuate loneliness among recently widowed older adults?», *The Journals of Gerontology: Series B, Psychological Sciences & Social Sciences* 73, núm. 3, 2 de marzo de 2018, pp. 501-510. doi:10.1093/geronb/gbx092.

E. S. Kim, A. V. Whillans, M. T. Lee *et al.* «Volunteering and subsequent health and well-being in older adults: An outcome-wide longitudinal approach», *American Journal of Preventive Medicine* 59, núm. 2, agosto de 2020, pp. 176-186. doi:10.1016/j.ame-pre.2020.03.004.

M. Sundström, K. Blomqvist y A-K. Edberg. «Being a volunteer encountering older people's loneliness and existential loneliness: Alleviating loneliness for others and oneself», *Scandinavian Journal of Caring Sciences* 35, núm. 2, junio de 2021, pp. 538-547. doi:10.1111/scs.12869.

S. Lee. «Loneliness, volunteering, and quality of life in European older adults», *Activities, Adaptation & Aging*, 2022, pp. 1-12.

I0816368

EL PROCESO NO ES LINEAL

BUENA VIBRA

EL PROCESO NO ES LINEAL

GUÍA DE HÁBITOS PARA MEJORAR TU VIDA UN DÍA A LA VEZ

@buenavibracamp

AGUILAR

El papel utilizado para la impresión de este libro ha sido fabricado a partir de madera procedente de bosques y plantaciones gestionadas con los más altos estándares ambientales, garantizando una explotación de los recursos sostenible con el medio ambiente y beneficiosa para las personas.

El proceso no es lineal
Guía de hábitos para mejorar tu vida un día a la vez

Primera edición: marzo, 2025

Penguin Random House Grupo Editorial, S. A. de C. V.
Blvd. Miguel de Cervantes Saavedra núm. 301, 1er piso,
colonia Granada, alcaldía Miguel Hidalgo, C. P. 11520,
Ciudad de México

penguinlibros.com

ISBN: 978-607-385-561-7

Impreso en México – *Printed in Mexico*

ÍNDICE

ACLARACIÓN

Es importante mencionar que este libro de ninguna forma pretende sustituir el diagnóstico y tratamiento terapéutico y no es equivalente a ir a terapia. Simplemente buscamos brindarte un material que pueda ser una herramienta para aprender acerca de los hábitos y el autoconocimiento, y para sobrellevar aquellos obstáculos que se puedan presentar en el camino. Si actualmente estás pasando por alguna situación que esté afectando tu vida cotidiana de manera significativa, te recomendamos acudir con un especialista de la salud mental. Recuerda que está bien pedir ayuda y que no estás solo.

SOBRE ESTA GUÍA

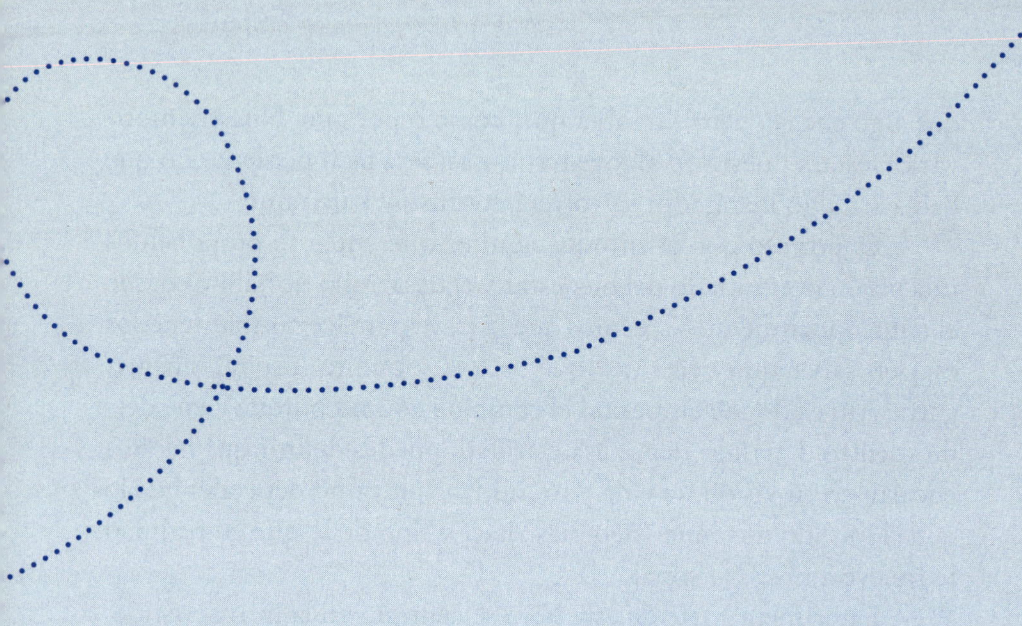

Cuando pensamos en mejorar nuestro bienestar y adoptar hábitos saludables es fácil caer en la trampa de imaginar una transformación radical: dejar atrás todo lo que no nos gusta de nosotros mismos y dar un giro rápido de 180° para convertirnos en nuestra "mejor" versión. Sin saberlo, la vergüenza se vuelve nuestra razón y la perfección nuestro objetivo; es decir, partimos de la idea de nosotros mismos como algo "roto" que se debe "arreglar". Pero ese tipo de pensamiento nos llevará irremediablemente a topar con pared, incluso antes de empezar. Hará que nos juzguemos, restrinjamos, presionemos y nos llevemos al límite. Lo que debía ser "sano" se volverá una carga que nos atrapará en el ciclo del autosabotaje.

Por otro lado, cuando pensamos en hábitos saludables también podemos caer en la trampa de la generalidad. Metemos nuestro concepto de "hábito saludable" en una cajita pensando que les funcionará igual a todos. Cosas como hacer ejercicio y comer sano, efectivamente, son bases fundamentales para el bienestar, pero a veces seguimos rutinas preestablecidas sin cuestionar qué necesitamos, qué nos funciona, qué resuena con nosotros. Nos dejamos llevar por lo que "deberíamos hacer", sin entender lo que realmente se alinea con nuestro bienestar. Es como caminar a ciegas, esperando

que algo encaje, pero sin saber qué, cómo o por qué. Nuestra motivación estará puesta en algo externo y así será fácil perderla. Lo que debía ser algo inspirador se volverá confuso y frustrante.

Es por eso que el enfoque aquí es diferente. Te proponemos una visión del cuidado del bienestar y el desarrollo de hábitos desde el autoconocimiento. Creemos que la clave para lograr mantenerlos está en saber qué necesitas, qué te reta y qué te inspira, sin juzgarte. Ahí es donde empezará el cambio genuino porque viene desde adentro. Cuando tienes esa claridad, puedes definir qué hábitos encajan en tu visión de vida y tu motivación ya no dependerá de lo que el mundo dice que "deberías" hacer, sino de lo que en realidad te mueve a nivel personal.

La primera parte de este libro se centrará en la introspección. A partir de ejercicios prácticos y reflexivos podrás conocer tus necesidades, tus deseos, tus límites. No pretendemos darte respuestas universales ni rápidas. Lo que funciona para una persona, no necesariamente funcionará para ti. Es fácil caer en la trampa de la comparación y la autoexigencia, pero la vida no es una competencia. Cada quien tiene su camino y cada quien lleva su ritmo. Te queremos alentar a que te sumerjas en un proceso de exploración y experimentación, con paciencia y compromiso contigo mismo. Suelta la expectativa de encontrar la respuesta correcta de inmediato. El cambio no sucederá de la noche a la mañana, y eso está bien. Lo importante es que tú seas quien defina qué hábitos hacen sentido en tu vida. Así podrás dejar de guiarte por expectativas ajenas y la presión social. Eso es lo que te dará el verdadero porqué detrás de cada hábito que elijas incorporar y te dará mejores cimientos para mantener el impulso y la dirección.

Recuerda, el proceso no es lineal y la meta no es la perfección. Habrá momentos de duda y momentos de desafío. Es inevitable tener curvas de desmotivación, estrés, inseguridad o frustración. Esto no significa que estés dando pasos hacia atrás o que tus esfuerzos no estén valiendo la pena, pero entendemos que a veces es difícil recordarlo. En esos días de incomodidad o bajoneo, queremos

que este libro sea tu guía, tu compañero de viaje, que te oriente, reconforte y brinde apoyo cuando lo necesites. Ya sea con una frase de motivación o con un empujón para tomar acción, estamos aquí para recordarte que no estás solo en este camino.

Para ello, en la segunda parte del libro te daremos estrategias y técnicas para aprender a reconocer y sobrellevar tus altibajos. El objetivo no es identificarlos para eliminarlos y así alcanzar un estado de felicidad continua. La perfección es un mito. No siempre estarás al 100%, y eso está bien. De hecho, la vida es todo menos predecible, pero esas fluctuaciones no deben ser un obstáculo, sino una invitación a detenerte, evaluar y ajustar. El autoconocimiento es un proceso continuo y los altibajos son momentos que nos ayudan a profundizar y explorar nuestras múltiples capas. Reconocer qué te está frenando, ya sea una barrera interna o externa, te permitirá encontrar maneras de adaptarte y seguir adelante.

El verdadero desafío es ser constante a pesar de la incomodidad. La constancia no es perfección, es seguir moviéndote, aunque no siempre sea en línea recta. Recuerda ser paciente contigo mismo mientras aprendes a identificar las fluctuaciones y encuentras estrategias para sobrellevarlas y seguir adelante. Los resultados no son inmediatos, y eso está bien. No se trata de apresurarse hacia el resultado, sino de disfrutar el proceso.

Porque, al final del día, el objetivo no es ser "la mejor versión" de ti mismo. **Es ser tu versión favorita**. Y esa versión es única, imperfecta, flexible y siempre está creciendo.

Estamos agradecidas por ser parte de tu viaje y esperamos que este libro te brinde las herramientas y la inspiración que necesitas para crear la vida que realmente deseas vivir.

No
todos
los
cambios
son
cómodos,
pero son
necesarios.

1. BIENESTAR PSICOLÓGICO Y EMOCIONAL

Hoy en día es común encontrar información sobre la importancia del cuidado de nuestro bienestar, pero no todos tenemos claro qué es o qué implica. **El bienestar es un estado general de salud y satisfacción que abarca diferentes aspectos de la vida.** Más allá de la "ausencia de malestar", se refiere al equilibrio en el que vivimos, incluyendo el estado de nuestro cuerpo, la calidad de nuestras relaciones, nuestra espiritualidad (el sentido de conexión con algo más grande que uno), el grado de satisfacción en el trabajo, nuestra salud mental y la capacidad de gestionar nuestras emociones. En este libro vamos a profundizar en estos dos últimos componentes: el bienestar psicológico y el emocional.

El bienestar psicológico es tema de interés de diversas disciplinas y distintos autores. **Se relaciona con la claridad de pensamiento, la toma de decisiones y la capacidad para adaptarse al cambio.** Tiene que ver con sentirse pleno y en sintonía con los propios valores, motivaciones y estilo de vida. Tener estabilidad

económica, buena salud y un ambiente agradable es imprescindible para sentirnos bien, pero la realidad es que nuestras percepciones subjetivas también juegan un papel importante en nuestro bienestar. Asimismo, el bienestar psicológico está muy relacionado con factores como **la autoestima, la autoaceptación o la resiliencia**. Se trata de superar los retos cotidianos con optimismo, y de manejar las situaciones difíciles de forma adecuada. Cuando estamos psicológicamente bien, somos capaces de enfrentar desafíos con claridad y calma, mantener relaciones saludables, establecer metas realistas y perseguirlas con determinación.

Por otro lado, **el bienestar emocional se refiere a nuestra capacidad de reconocer, expresar y gestionar de manera adecuada nuestras emociones.** Esto implica no solo ser conscientes de lo que sentimos, sino también aceptar nuestras emociones como parte natural de la vida. El bienestar emocional no significa estar feliz todo el tiempo, más bien se trata de tener la capacidad de navegar a través de una gama diversa de emociones, desde la felicidad y la gratitud hasta la tristeza y el miedo. Cuando estamos emocionalmente bien, podemos establecer límites saludables, comunicarnos de manera asertiva y manejar conflictos de forma constructiva.

Cuidar nuestro bienestar general requiere tiempo, esfuerzo y dedicación. **Implica adoptar hábitos saludables y estar en constante conexión con nosotros mismos** para lograr vivir en equilibrio y tener una calidad de vida que nos haga sentir plenos.

¿Cómo puedo saber si estoy cuidando de mi bienestar?

Desafortunadamente no nacemos sabiendo cómo cuidar de nosotros de manera integral. Es algo que vamos aprendiendo día a día y que requiere de un esfuerzo consciente y constante. El bienestar engloba muchas pequeñas partes que deben siempre estar en balance. Por eso es importante prestar atención a algunas señales

que podrían indicar que algo no está yendo bien. Aquí te mencionamos algunas conductas que pueden ser parte de las primeras señales de advertencia de que tu bienestar está siendo afectado de algún modo:

1. ¿Te has sentido sin energía la mayoría de los días durante el último mes?
2. ¿Tu alimentación o hábitos de sueño se han deteriorado de manera significativa?
3. ¿Has tenido problemas para disfrutar de actividades que normalmente te gustan?
4. ¿Te has sentido más irritable o impaciente durante el último mes?
5. ¿Tienes pensamientos autocríticos o negativos con mayor frecuencia?
6. ¿Has logrado concentrarte en tus actividades y deberes?
7. ¿Tu cuerpo está enviando señales como dolores frecuentes, tensión muscular o problemas digestivos sin razón aparente?
8. ¿Te sientes cómodo pidiendo ayuda a tus familiares o amigos cuando te sientes sobrecargado?
9. ¿Te has sentido en control de tus emociones durante el último mes?
10. ¿Te has permitido tener momentos de autocuidado?

Estas preguntas pueden servir como un punto de partida para reflexionar sobre cómo estás manejando tu bienestar. Si durante el último mes has notado algún cambio drástico en tu comportamiento o estado de ánimo, te recomendamos buscar ayuda profesional. Recuerda que no tiene nada de malo necesitarla.

¿Por dónde empezar? Algunos consejos para mejorar tu bienestar

Ten momentos de diversión: existen actividades individuales que al practicarlas nos hacen sentir bien, como leer, ir al cine, visitar un museo o compartir tiempo con nuestros seres queridos. Es muy importante darnos tiempo para actividades que nos permitan liberar energía y tensión. Incorporarlas como parte de tu rutina te ayuda a priorizarte. Cuantos más momentos buenos tengas haciendo lo que te gusta, mejor te sentirás.

Permítete sentir: reprimir nuestras emociones hace que toda nuestra energía se enfoque en ello y nos sintamos constantemente agotados. No sientas miedo o rechazo ante emociones incómodas, acéptalas y toma un rol activo en tu proceso para aprender a gestionarlas. Piensa en algún cuerpo de agua; cuando el agua fluye se mantiene clara y limpia, en cambio, cuando se estanca, se vuelve turbia y sucia. Lo mismo pasa con las emociones cuando no las dejamos fluir, se van convirtiendo en algo desagradable que nos contamina desde adentro.

Enfócate en el presente: a veces nuestra mente vive en el pasado o, incluso, en el futuro. Vivimos preocupados por cosas que no podemos controlar y la mente entra en una espiral de pensamientos negativos. Prácticas de *mindfulness* o actividades tan simples como tomar el sol, salir a caminar o escuchar música te serán de gran ayuda para calmar tu mente y mantenerte anclado al momento presente.

Duerme bien: las horas de sueño son fundamentales. Cuando no conseguimos tener un sueño reparador o sufrimos insomnio, nuestra calidad de vida, nuestro equilibrio emocional y nuestro bienestar psicológico se ven seriamente afectados. Cuando dormimos, el cuerpo se recupera de todo el estrés y el trabajo que ha realizado durante el día, tanto física como mentalmente.

Realiza actividad física: es común asociar el hacer deporte con el aspecto físico, dejando de lado su impacto en el bienestar psicológico. Realizar deportes de manera habitual hace que nuestro cerebro secrete sustancias químicas como las endorfinas y la serotonina, que tienen un impacto directo sobre nuestra felicidad.

Ordena tu espacio: tu espacio exterior es reflejo de tu espacio interior. Está comprobado que el orden de nuestro entorno disminuye los niveles de estrés, favorece la productividad, aumenta la eficacia e incluso mejora el sueño. Permítete tener un espacio en el que disfrutes estar.

Sé creativo: ejercitar la mente es tan importante como ejercitar el cuerpo. Realizar actividades creativas como escribir, pintar, tocar un instrumento o hacer manualidades estimula tu cerebro, mejora la concentración y reduce el estrés. Además, expresar tu creatividad te ayuda a conectar contigo mismo y explorar tus emociones.

Busca una red de apoyo: es importante tener con quién acudir cuando necesitamos apoyo. Recuerda que no estás solo y puedes contactar a un amigo, un familiar y, por qué no, solicitar ayuda psicológica de un profesional.

Abraza
lo que eres
mientras
sigues
trabajando
en lo que
quieres ser.

2. AUTO-CONOCIMIENTO

El autoconocimiento es la capacidad de explorar y comprender nuestro mundo interno. Implica reconocer nuestras emociones, pensamientos y comportamientos, así como el impacto que tienen en nuestra vida diaria. También se refiere a poder identificar nuestras motivaciones, formular metas personales y reconocer las fortalezas y debilidades que puedan favorecer u obstaculizar nuestros logros.

De todos los juicios a los que nos sometemos, ninguno es tan importante como el propio. Autoconocerse está estrechamente relacionado con las actitudes y creencias que tenemos sobre nosotros mismos, el amor propio y la confianza en nuestras capacidades. Una persona con autoconcepto limitado de sí misma suele sentirse incómoda con su apariencia física, siempre busca complacer a los demás, se siente víctima de las circunstancias, tiene dificultad para expresar sus sentimientos y constantemente intenta agradar a los demás. Por el contrario, una persona con buen autoconcepto confía

en sí misma, disfruta de su propia compañía, se adapta con facilidad a cualquier cambio, no les tiene miedo a las críticas y se hace responsable de sus propias acciones.

El autoconocimiento se desarrolla gradualmente, y es un proceso constante. Preguntas como "¿quién soy y qué es importante para mí?" son un buen punto de partida. Desde ahí, podemos construir una narrativa personal que traduzca nuestros valores, propósitos y capacidades en metas y objetivos claros. Cuando no nos conocemos bien, es difícil entender nuestras reacciones y comportamientos, así como saber cuál es nuestro propósito de vida.

La importancia de conocernos

Mejorar tu autoconocimiento te ayudará a cuidar tu bienestar general. Estar en contacto con tu mundo interno te ayuda a sobrellevar de manera más saludable situaciones difíciles. Al comprender cómo te sientes podrás hacer conexiones sobre por qué actúas de cierto modo, qué necesidades debes cubrir, qué límites tienes que marcar, etc. Esto te ayudará a expresarte mejor y, por ende, fortalecer tus relaciones con los demás. Además, ser consciente de tus necesidades te facilitará tomar decisiones y ponerte objetivos, a corto, mediano y largo plazos.

El autoconocimiento es el punto de partida para mejorar el bienestar emocional. Esta práctica facilita adoptar y mantener hábitos que estén alineados con ello, lo que permite desarrollar un estilo de vida más auténtico y satisfactorio.

Otro motivo por el que es importante conocerse a uno mismo es por la aceptación de la propia realidad de forma positiva. Al reconocer nuestras virtudes y áreas de oportunidad, dejamos de luchar contra quiénes somos y aprendemos a vernos desde una perspectiva más compasiva. Con la autoaceptación se eliminan las frustraciones y el estado de decepción, permitiéndonos alcanzar un estado de tranquilidad con nosotros mismos y nuestro entorno.

En resumen, el autoconocimiento te ayudará a:

- Entender y expresar tus emociones y sentimientos.
- Reconocer tus fortalezas y desafíos.
- Reconocer tus necesidades y límites, así como los de los demás.
- Darte cuenta de cómo tu comportamiento afecta a los demás y ser más asertivo.
- Desarrollar una mentalidad de crecimiento y aprender de tus errores.

Técnicas para desarrollar el autoconocimiento

Autoconocerse no es fácil, ya que requiere motivación, voluntad y tiempo. Si quieres mejorar tu bienestar y llegar a conocerte a profundidad, aquí te dejamos algunos consejos para que puedas conseguirlo:

Lleva un diario. Escribir nos ayuda a conocernos mejor. Es bueno porque pensamos en lo que hemos hecho durante el día y cómo nos hemos sentido. Además, volver a leerlo nos ayuda a estructurar y encontrar patrones.

Pídele a alguien que te describa. Hablar con un amigo o familiar de confianza puede brindarte una idea de cómo te perciben los demás. Recuerda, no se trata de buscar validación externa, sino de obtener información valiosa para reflexionar sobre cómo nos perciben los demás.

Practica *mindfulness*. Los ejercicios de conciencia plena te permiten enfocar tu atención en el presente y en tu persona. Además, ayuda a desarrollar autocompasión y una perspectiva tranquila de la vida.

Escribe la historia de tu vida. Profundizar en lo que has vivido te ayudará a entender momentos y conectar experiencias.

Ve a terapia. Platicar con un profesional de la salud mental te ayudará a encontrar herramientas personalizadas para explorar tus pensamientos, emociones y patrones de comportamiento. Además, te irá guiando en el proceso de sanación y desarrollo.

El primer paso para vivir la vida que deseas es conocerte a ti mismo y lo que es importante para ti. Usa el siguiente cuadro para anotar tus valores, intereses, habilidades y sueños. En el círculo escribe tu nombre o haz un pequeño autorretrato.

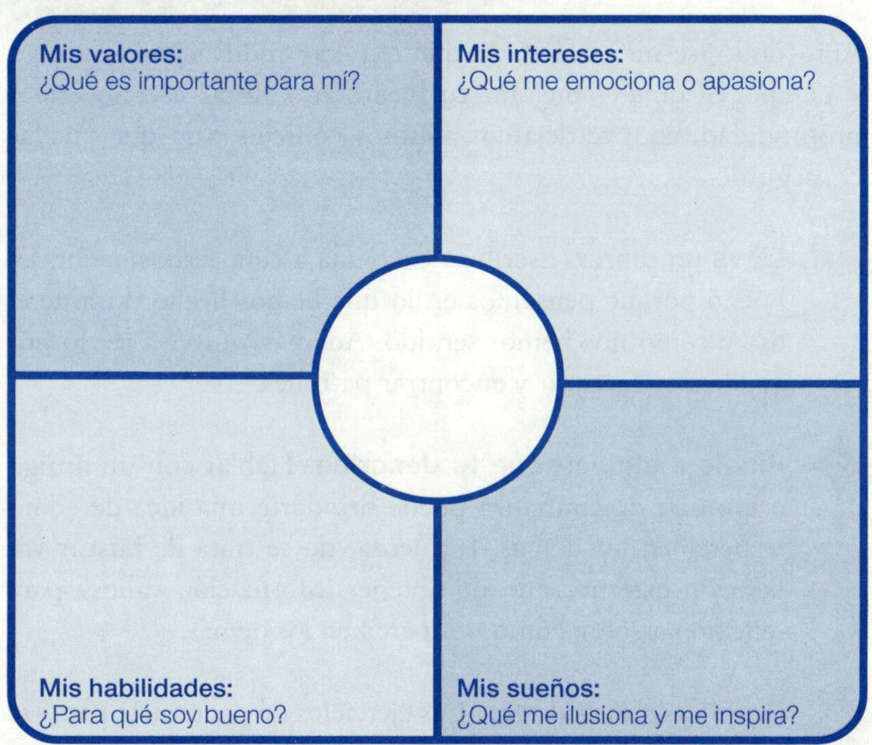

Más adelante podrás regresar a esta tabla y usarla como un mapa para evaluar si tus objetivos están alineados con tu esencia.

Ejercicio

¿Te has puesto a pensar por qué te gusta lo que te gusta? A continuación responde cada pregunta y explica detalladamente el porqué de cada respuesta. Por ejemplo, si dices que, de ser un color, serías el morado, deberás explicar las razones por las que serías ese color, ¿con qué lo asocias?, ¿cómo te hace sentir? Al terminar este ejercicio quizá logres conocerte un poco mejor.

Si fueras un color, ¿cuál serías?

____

Si fueras un animal, ¿cuál serías?

____

Si fueras un lugar, ¿cuál serías?

____

Si fueras un objeto, ¿cuál serías?

____

Si fueras un alimento, ¿cuál serías?

____

Si fueras un olor, ¿cuál serías?

____

Si fueras una prenda de vestir, ¿cuál serías?

____

Preguntas para profundizar

1. ¿Qué haría si supiera que no voy a fallar?
2. ¿Qué logro me ha dado mayor satisfacción? ¿Por qué?
3. ¿En qué tiempo pienso más: el presente, el pasado o el futuro?
4. ¿Quiénes son las cinco personas que más significan para mí?
5. ¿Cuál era mi más grande sueño cuando era pequeño?
6. ¿Cuál ha sido el reto más grande que he superado?
7. ¿Qué partes de mí prefiero esconder?
8. ¿Qué es lo que más me frustra?
9. ¿Hay algo que me gustaría aprender?
10. ¿En qué situaciones me siento más inseguro?
11. ¿Qué me hace sentir más en paz?
12. ¿Qué me da energía?
13. ¿Qué me drena?
14. ¿Cómo me describirían mis amigos y familiares?
15. ¿Qué necesito perdonar?
16. ¿Qué cosas he dejado de hacer por miedo a sentirme criticado o juzgado?
17. ¿Qué cosas amo de mí?
18. ¿Qué miedo o inseguridad me detienen de ser auténtico?
19. ¿Tengo algún arrepentimiento o rencor?
20. ¿Estoy orgulloso de mí?

No se trata de **controlar** nuestras **emociones** sino de **controlar** nuestra **reacción** ante esas **emociones.**

Los detonantes emocionales pueden ser **situaciones, hechos o circunstancias que, cada vez que se presentan, crean una respuesta emocional aparentemente irracional.** Por lo general, tienen su origen en emociones reprimidas, como heridas de la infancia o traumas no sanados. Sin importar las causas, y qué tan frecuentes o infrecuentes sean, los detonantes funcionan como indicadores de cómo tu cerebro está procesando la información que te rodea basándose en experiencias pasadas. En otras palabras, son señales de que situaciones del pasado aún no han sido resueltas.

Cada persona tiene sus propios detonantes y reacciona de manera diferente, pero un elemento común clave es que **producen algún tipo de respuesta física o emocional incómoda.**

Ejemplos de respuestas físicas:

- Aumento del ritmo cardiaco
- Tensión muscular
- Sudoración
- Temblores
- Escalofríos
- Mareos o náuseas
- Dolor u opresión en el pecho
- Dificultad para respirar o hiperventilación
- Visión de túnel o incapacidad para concentrarse
- *Flashbacks*

Ejemplos de respuestas emocionales:

- Tristeza
- Ira
- Nerviosismo o ansiedad

- Miedo o desconfianza
- Irritabilidad
- Soledad o deseo de aislarse

La forma en la que reaccionas a los detonantes no define quién eres. Dichas respuestas son la forma en que tu cerebro intenta protegerte cuando percibe el peligro. Tu cerebro sigue haciendo lo que originalmente aprendió a hacer en el momento en que comenzó el trauma. Está activando estas señales de alarma para mantenerte a salvo, sin saber que ya no son necesarias. Cuando eres consciente de que hay temas, situaciones o personas que hacen saltar algo en ti que no te resulta agradable, puedes elegir dos opciones. La primera sería evitarlo, mantenerte alejado de todo aquello que te hace sentir mal que, a pesar de que es una forma válida de protección, no hará más que prolongar la incomodidad ya que no estarás atacando el problema de raíz. Otra posibilidad sería enfrentarlo, permitirte darle un espacio al dolor y externarlo. Básicamente tendrás que sentarte con la emoción y atreverte a sentirla a pesar de la incomodidad. Sentarse con una emoción significa reconocerla, escucharla y darle su lugar para entenderla mejor. No se trata de quedarse atrapado en ella, sino de darle la oportunidad de expresarse.

Al ser capaces de identificar nuestros detonantes podemos tomar medidas para mejorar nuestra salud mental. No podemos evitar todas las situaciones que pueden detonarnos emocionalmente, pero sí podemos desarrollar estrategias que nos ayuden a navegar las situaciones incómodas de un modo más saludable. Cuando somos más conscientes, podemos comenzar a asumir la responsabilidad de cómo manejamos nuestras emociones, en lugar de dejar que estas nos controlen.

Fases de un detonante

El contexto:
lo general, como nuestra historia y hábitos, y lo específico, como la compañía, el estado de ánimo y los pensamientos cuando aparece el detonante.

El detonante:
es un evento y cómo lo percibimos y nos vinculamos con él. Es lo que desata nuestra emoción. El botón de encendido.

La experiencia:
es la emoción en sí misma, los cambios físicos y psicológicos que se presentan.

La reacción:
puede manifestarse externamente, como gritar, o internamente, como suprimir el enojo.

El resultado:
es el impacto (externo o interno) de nuestras acciones. Tiene el potencial de conducirnos a otro episodio emocional.

¿Cómo sé cuáles son mis detonantes emocionales?

Puede ser diferente para cada persona, pero aquí hay una serie de pasos que pueden ayudarte a descubrir cuáles son tus detonantes emocionales:

1. Piensa en la última vez que sentiste ansiedad, enojo, tristeza, frustración, etc.
   - ¿Qué estaba pasando justo antes de sentirme así?
   - ¿Con quién estaba?
   - ¿Qué palabras o acciones me afectaron?
   - ¿Qué cambios sentí en el cuerpo?
   - ¿Qué pensamientos llegaron a mi mente?

2. Identifica patrones. Revisa experiencias similares para encontrar elementos en común.

3. Reflexiona si creencias limitantes como "no soy suficiente" o "necesito controlarlo todo" podrían estar detrás del detonante.

4. Habla con un profesional. Un terapeuta puede ayudarte a encontrar herramientas adecuadas para profundizar y aprender a manejarlas.

Cuando enfrentamos un detonante emocional, es común que reaccionemos de manera impulsiva, buscando alivio inmediato. Esto puede llevarnos a hábitos poco saludables como comer en exceso, procrastinar, aislarnos o abandonar nuestras rutinas. Identificar estos detonantes nos permite anticiparnos y elegir respuestas más alineadas con nuestro bienestar.

Si sabemos que ciertas situaciones nos afectan, podemos diseñar estrategias para afrontarlas de manera más saludable. Por ejemplo: Cuando intentamos cambiar hábitos, es normal que enfrentemos obstáculos. Si un detonante nos lleva a desviarnos de nuestro camino, en lugar de castigarnos, podemos verlo como una oportunidad de aprendizaje. Cada tropiezo nos da información valiosa sobre lo que necesitamos ajustar para que nuestros hábitos sean sostenibles en el tiempo.

De manera inversa, cuando establecemos hábitos que fomentan el autocuidado, como hacer ejercicio, meditar, dormir bien o llevar un diario, nuestra capacidad para manejar detonantes mejora. Estos hábitos actúan como una red de apoyo interna, ayudándonos a no reaccionar de manera automática ante una situación que nos desestabiliza.

Ejercicio

Detonante: me sentí solo ⟶ Reacción: tristeza, ganas de aislarme ⟶ Nivel de intensidad: **alto**
⟶ Hábito que puede ayudarme: en lugar de esperar a que alguien me busque, puedo tomar la iniciativa.

Detonante: me sentí criticado ⟶ Reacción: frustración y dudas sobre mí mismo ⟶ Nivel de intensidad: **medio-alto**
⟶ Hábitos que pueden ayudarme: en lugar de tomar la crítica como un ataque personal, puedo preguntarme si hay algo útil en los comentarios.

Detonante: me sentí estresado ⟶ Reacción: irritabilidad y agobio ⟶ Nivel de intensidad: **medio**
⟶ Hábitos que pueden ayudarme: cuando sienta la tensión, puedo tomarme un minuto para respirar y hacer una lista de prioridades.

Detonante: ______________________________ ⟶

Reacción: ______________________________ ⟶

Nivel de intensidad: ______________________________ ⟶

Hábitos que pueden ayudarme: ______________________________

____

____

____

____

____

____

¿Qué detonó mi malestar emocional?

- Me sentí ignorado.
- Me sentí manipulado.
- Me sentí controlado.
- Me sentí acusado.
- Me sentí desprotegido.
- Me sentí juzgado.
- Me sentí impotente.
- Me sentí avergonzado.
- Me sentí traicionado.

Los detonantes aparecen como olas inesperadas que nos quitan el equilibrio. Pero, al igual que las olas, estos momentos tienen el poder de revelar las profundidades ocultas de nuestras emociones y enseñarnos más sobre nosotros mismos. Identificar nuestros detonantes emocionales no solo nos permite comprender mejor nuestras reacciones, sino que también nos ayuda a detectar hábitos poco sanos que podrían estar relacionados con ellos. Al ser conscientes de lo que nos desencadena, podemos observar cómo ciertos comportamientos o patrones se repiten, incluso cuando no nos benefician. El autoconocimiento nos brinda la oportunidad de adoptar una mentalidad más compasiva hacia nosotros mismos, reconociendo que hay razones por las que actuamos como actuamos. En lugar de juzgarnos o criticarnos, sabremos en dónde tenemos que hacer ajustes para adoptar hábitos más saludables que nos permitan enfrentar nuestras emociones de manera más equilibrada y consciente.

Lo que tus detonantes podrían querer decirte

ENOJO	Estás ignorando o evadiendo una necesidad fundamental.
VERGÜENZA	Reconecta con tu interior y practica la vulnerabilidad.
ENVIDIA	Reconoce lo que deseas para ti e identifica lo que te hace sentir "menos que".
AGOTAMIENTO	Identifica dónde estás poniendo tu valor y marca límites personales.
CULPA	Evalúa y adapta tus expectativas y reconecta con tu autenticidad.

En resumen, conocer nuestros detonantes no solo nos ayuda a gestionar mejor nuestras emociones, sino que también nos permite diseñar hábitos que funcionen a nuestro favor. Cuando integramos esta consciencia en nuestro día a día, dejamos de ver los detonantes como enemigos y los transformamos en oportunidades para crecer.

Destellos

Los "destellos" son un término acuñado por la especialista en trauma Deb Dana. Se refieren a micromomentos en los que estamos en un lugar de conexión o regulación, lo que le permite a nuestro sistema nervioso sentirse seguro o tranquilo. Son señales que devuelven la sensación de alegría y calma a una persona. Son básicamente lo contrario a los detonantes, pues nos ayuda a salir del estado de supervivencia y, por tanto, provocan un cambio positivo en nuestro estado de ánimo.

Ejemplos de destellos:

- El olor a pasto cortado.
- Sentir el calor del sol.
- La risa de un amigo.
- La voz de un ser querido.
- El sonido de las patitas de los perros sobre el piso de madera.
- Recibir un abrazo.
- Caminar en el bosque.
- Escuchar tu canción favorita.
- El sonido de la lluvia.
- Un desayuno con amigas.

Un destello es un momento muy placentero: la emoción breve pero intensa de algo que provoca una sensación agradable.

Para identificar tus destellos puedes ayudarte de un diario, apuntando aquellos momentos de paz que te vengan a la mente. Los destellos son momentos que podemos buscar y que podemos provocar. Esto significa que de manera intencional debemos dedicarnos a buscar ese "algo" que nos regala un instante de placer, calma y plenitud. Se trata de descubrir, definir y apreciar aquellos placeres de la vida que tienen un significado para ti, y está bien si nadie más les ve un valor en particular. Reconocer tus destellos te ayudará a salir del ciclo de la negatividad y a restarles atención a las emociones incómodas.

Conocer tus destellos puede ser una herramienta muy poderosa para adoptar hábitos más saludables, ya que estos momentos placenteros y de calma pueden actuar como "refuerzos positivos" en tu proceso de cambio. Al identificar qué cosas te traen esa sensación de alegría y conexión, puedes incorporarlas estratégicamente en tu rutina diaria, convirtiéndolas en anclas emocionales que te motiven a seguir con tus hábitos, incluso cuando el camino se ponga difícil. Por ejemplo, si te das cuenta de que sentir el sol por las tardes te genera un gran destello, puedes ligar tu objetivo de ser más activo saliendo a tomar paseos al parque. Así asociarás tus nuevos hábitos con experiencias placenteras, lo que hará más fácil mantenerlos.

Al buscar y reconocer esos pequeños momentos de paz y felicidad, podemos crear espacios para la regulación emocional, lo que facilita mantener una mentalidad más equilibrada y positiva a lo largo del día. Incorporar estos destellos en nuestra rutina diaria nos ayuda a reducir el estrés, aumentar nuestra resiliencia emocional y fomentar la autocompasión, lo que, a su vez, contribuye al bienestar general y a la constancia en los hábitos que estamos formando. La clave está en ser intencionales con estos momentos y darnos permiso para disfrutar de ellos sin culpa, permitiendo que el placer y la calma se conviertan en aliados en nuestro camino hacia una vida más saludable.

Ejercicio

Vamos a hacer un pequeño test para ver qué tanto te detienes a apreciar los pequeños momentos. Entre más practiques, más fácil será encontrar los destellos en tu día a día.

1 NUNCA	2 RARA VEZ	3 A VECES	4 FRECUENTEMENTE	5 SIEMPRE

Por las mañanas me doy tiempo para despertar sin prisas.	
Me tomo mi tiempo para saborear realmente mi comida.	
Escucho mi canción favorita con frecuencia.	
Durante el día me doy momentos para descansar.	
Presto atención a los sonidos que me rodean, como el viento, la lluvia o los autos que pasan.	
Me detengo a apreciar algún olor (al pasar frente a una panadería, etc.).	
Me siento a tomar el sol de vez en cuando.	
Cuando estoy con mis seres queridos los escucho con atención.	
Disfrutas el momento de bañarte y arreglarte.	
Al terminar el día te das un momento para evaluar tus pensamientos y ver cómo te sientes.	

Calcula el promedio de estas 10 preguntas. Una puntuación baja refleja dificultades para mantenerte en el presente. Una puntuación alta refleja que verdaderamente experimentamos momentos de atención plena.

Haz una lista de tus cosas favoritas, esas que te hacen sentirte feliz.

Ejemplo:

- Ver perritos asomados por las ventanas cuando voy caminando por la calle.
- El olor a pasto recién podado.
- ____________________
- ____________________
- ____________________
- ____________________
- ____________________
- ____________________
- ____________________
- ____________________
- ____________________
- ____________________
- ____________________
- ____________________
- ____________________
- ____________________
- ____________________
- ____________________
- ____________________
- ____________________
- ____________________
- ____________________
- ____________________
- ____________________

Construye hábitos que te construyan a ti.

3. HÁBITOS

Muchas veces oímos hablar de los hábitos saludables, de lo importante que es implementarlos en nuestra vida, pero cuando nos decidimos a hacerlo no sabemos ni por dónde empezar. ¿Qué es un hábito saludable, cómo podemos introducirlo en nuestra rutina y, sobre todo, cómo podemos mantenerlo?

Los hábitos son acciones repetitivas y automatizadas que realizamos en nuestro día a día. En otras palabras, es un comportamiento que se realiza de manera inconsciente. Un hábito "saludable" es aquella actividad que te ayuda a mejorar tu bienestar físico, mental, emocional y social. Si nos fijamos, en nuestro día a día repetimos muchos hábitos, como quitarnos los zapatos al llegar a casa, apagar las luces antes de salir, cepillarnos los dientes, entre otros.

Existen distintos tipos de hábitos, según el área en que impactan. Algunos de ellos son:

- Hábitos físicos: son aquellos que involucran el cuerpo y la salud.
- Hábitos sociales: involucran la relación que tenemos con los demás.
- Hábitos mentales: se relacionan con la forma de pensar y de procesar la información. Como su nombre lo indica, son esos hábitos que van ligados al enriquecimiento del pensamiento y la mente.
- Hábitos emocionales: son aquellos que están relacionados con la expresión y la gestión de las emociones.

EMOCIONALES	FÍSICOS
✦ Escribir ✦ *Mindfulness* ✦ *Journaling*	✦ Tomar agua ✦ Comer bien ✦ Rutina de aseo personal
MENTALES	**SOCIALES**
✦ Leer ✦ Resolver sudokus o sopas de letras ✦ Estudiar algún tema	✦ Llamar a amigos con frecuencia ✦ Participar en eventos ✦ Visitar a la familia

Es cierto que hay una lista interminable de hábitos que podríamos incorporar en nuestra rutina, pero para tener un enfoque claro y efectivo es importante priorizar seis áreas que los especialistas consideran fundamentales para alcanzar el bienestar integral. Focalizarnos en ellas puede ayudarnos a mejorar nuestra calidad de vida, mantenernos en equilibrio y cuidar de nosotros de manera más consciente.

ÁREA	MOTIVO
Actividad física	A pesar de que puede sonar contradictorio, realizar actividad física durante el día proporciona más energía. Además, tiene beneficios como mejorar el estado de ánimo, disminuir el estrés, mejorar la calidad del sueño y la concentración. Según los especialistas, hacer 25 minutos de actividad física al menos tres días a la semana aumentará tu bienestar general.
Sueño	En cuanto empieces a dormir lo suficiente de manera habitual notarás que aumenta la energía que necesitas para encaminarte a cumplir tus objetivos y mejorará tu estado de ánimo.
Nutrición	Una dieta balanceada y ajustada a tus necesidades proporciona energía y disminuye las enfermedades. Un punto clave dentro de esta área es la cantidad de agua que bebemos. Tomar suficiente agua ayuda a la concentración, reduce la fatiga y atenúa la ansiedad.
Higiene personal	Entre los hábitos de higiene encontramos: bañarse, lavarse las manos, limpieza dental, peinado del cabello, cambio de ropa diario, entre otros. Al practicar estas acciones se genera una sensación de bienestar que ayuda a llevar mejor el día. Además, son hábitos saludables que evitan muchos problemas de salud.
Social (nuestra relación con otros)	Mantener relaciones sociales saludables es un aspecto crucial del bienestar general, ya que proporcionan un sentido de comunidad y apoyo, ayudándonos a enfrentar desafíos y a celebrar éxitos.
Gratitud	Esta práctica refuerza las emociones positivas como la alegría, el entusiasmo, la satisfacción y el orgullo. Sentirnos agradecidos nos da una perspectiva más positiva de la vida.

En el cuadro anterior se muestra una serie de hábitos que funcionan de manera general, sin embargo, es importante saber seleccionar y discriminar qué hábitos son los que queremos implementar por nuestro beneficio propio y no por lo que esté de moda o lo que otros nos digan. Como ya lo abordamos, conocerse a uno mismo es muy importante para el desarrollo personal. El autoconocimiento nos ayuda a identificar aquello que se alinea con nuestros valores, necesidades y objetivos. Por ejemplo, conocer nuestros detonantes (los factores que nos desmotivan o nos llevan a caer en viejos patrones) y nuestros destellos (los momentos en los que nos sentimos más motivados y capaces), nos facilitará la adopción de nuevos hábitos, eligiendo a los que resuenen con nosotros. Creemos que esta es la clave para crear rutinas sostenibles.

La disciplina es, sin duda, un factor clave para alcanzar nuestras metas, pero también es fundamental reconocer que la vida está llena de fluctuaciones. Hay momentos de estrés, inseguridad o ansiedad, donde nuestras emociones pueden tomar el control sin que seamos conscientes de ello. El autoconocimiento juega un papel crucial, pues entender cómo funcionamos y qué necesitamos nos permite diseñar estrategias que nos ayuden a mantener la disciplina de manera efectiva. En otras palabras, la disciplina es como una masa que se debe moldear según nuestras necesidades diarias, permitiéndonos adaptarnos a los altibajos con compasión hacia nosotros mismos mientras seguimos avanzando.

Ahora, una vez que hemos tomado la decisión de cambiar nuestros hábitos, lo primero que necesitamos hacer es evaluar dónde estamos, cuáles son los recursos con los que contamos y qué necesitamos para formar ese hábito. Para ello, es fundamental conocernos bien. La facilidad o dificultad para construir un hábito depende de cada persona, de su historia con el tema y de las habilidades y herramientas disponibles para lograr el cambio. Por eso, es importante ser completamente honestos con nosotros mismos. El autoconocimiento nos permite anticipar posibles obstáculos y reconocer los recursos con los que contamos para superarlos.

Razones clave por las que el autoconocimiento es crucial para cultivar nuevos hábitos

Reconocer nuestras fortalezas y debilidades

Al conocer nuestras fortalezas, podemos aprovecharlas para mantenernos disciplinados. Por ejemplo, si somos buenos ordenando y planeando, podemos estructurar nuestras tareas para mantenernos enfocados. Reconocer nuestras debilidades, por ejemplo, la tendencia a procrastinar, nos ayuda a pensar en estrategias para superarlas.

Establecer metas realistas

Conocer nuestras capacidades y limitaciones nos permite establecer metas realistas y alcanzables. Metas poco claras o demasiado ambiciosas pueden llevar a la frustración y a abandonar el proceso, mientras que metas bien definidas y realistas aumentan la probabilidad de éxito y mantienen la motivación. Además, ayuda a plantear rutinas flexibles que se adapten a nuestras necesidades personales.

Conocer nuestra fuente de motivación

Un factor que resulta crucial para la construcción de un hábito es conocer qué nos mueve a hacer cambios, es decir, de dónde nace nuestra motivación. El autoconocimiento nos ayuda a entender qué nos impulsa. Al conocer nuestras motivaciones internas, podemos alinearlas con nuestros objetivos, lo que aumenta la determinación y el compromiso. Esto es crucial para mantener la disciplina a largo plazo.

Disfrutar el proceso

Al entender nuestras preferencias y valores podemos tomar decisiones que están alineadas con nuestros objetivos a largo plazo. Esto reduce la posibilidad de desviarse del camino y mejora la capacidad de mantener la disciplina. Por ejemplo, si yo sé que me gusta hacer ejercicio a solas no me inscribiría a una clase grupal, ya que probablemente me desanime y lo deje de hacer. Si el cerebro no disfruta una actividad, tenderá a dejarla de lado. La única forma de instaurar un hábito es disfrutándolo.

Superar obstáculos en el camino

El autoconocimiento nos ayuda a entender cómo respondemos a los fracasos y desafíos. Al conocer nuestras reacciones naturales, podemos desarrollar estrategias para superar los retos con resiliencia y continuar avanzando hacia nuestras metas.

Aumentar la confianza en uno mismo

La comprensión y aceptación de uno mismo fortalecen la autoestima. Una autoestima saludable es fundamental para mantener la disciplina, ya que creemos en nuestra capacidad para lograr nuestros objetivos y perseverar frente a las dificultades.

Existe la creencia popular de que crear hábitos nuevos requiere de al menos 21 días. Es decir, si durante 21 días repites la misma acción (caminar, estudiar, leer, etc.), habrás introducido un nuevo hábito en tu vida. Sin embargo, nosotras creemos que no es tan cierto. La realidad es que puede variar ampliamente dependiendo de la persona y de las circunstancias. Además, esto es relativo, pues siempre hay acciones que toman más tiempo en convertirse en un hábito, lo cual está determinado por el nivel de dificultad y la facilidad de incorporarlas a la rutina. Lo que sí es verdad es que la creación de un nuevo hábito requiere de mucha constancia. Si una acción es recurrente en nuestra rutina, es muy probable que

termine por grabarse en nuestro cerebro en forma de hábito. Esta repetición hace que poco a poco el esfuerzo por realizar esa acción vaya disminuyendo.

Si quieres crear hábitos saludables, es fundamental practicarlos todos los días para que realmente se afiancen. Establecer rutinas significa permitir que tus decisiones conscientes dirijan tu día, quitándoles relevancia a distracciones, gratificaciones inmediatas y bloqueos emocionales temporales. Es normal que los primeros días te resulte más difícil implementar estas nuevas acciones, pero lo importante es enfocarte en lo que vas a hacer y en el beneficio que te aportará ese hábito. Cuanto más entrenes a tu cuerpo y tu mente para levantarte, trabajar y descansar en horarios definidos, más fácil será que tu rutina fluya de forma natural. Tener claro tu objetivo y el impacto positivo que obtendrás te dará la motivación necesaria para seguir adelante.

Escribe todos los hábitos que quieres implementar. Anótalos del más importante al menos importante. Reflexiona sobre las razones.		Después de leer el capítulo y reflexionar sobre tus valores, habilidades, intereses y sueños, regresa a esta tabla y evalúa si tus hábitos ideales siguen alineados contigo.	
HÁBITOS QUE QUIERO IMPLEMENTAR EN MI RUTINA	RAZONES POR LAS QUE QUIERO INCORPORARLO	¿SIGUE SIENDO RELEVANTE?	¿SIGUEN SIENDO LAS MISMAS RAZONES?

Pasos para comenzar a crear nuevos hábitos y mantenerlos

Paso 1. Define el objetivo. Sé claro y específico sobre el hábito que deseas crear y por qué es importante para ti. Establece un plan: cuándo, dónde y cómo lo llevarás a cabo.

Paso 2. Hazlo visible. Haz pequeños ajustes para mantener el nuevo hábito presente en tu mente:

- Programa alarmas o recordatorios en tu celular.
- Deja *post-its* en lugares estratégicos.
- Ten a la mano lo que necesites para cumplirlo (botella de agua, libro, etc.).

Paso 3. Hazlo atractivo. Esta parte consiste en asociarlo con una emoción positiva o vincularlo con un objetivo importante. Es esencial que este nuevo hábito tenga alguna conexión con algún parámetro de nuestra vida que sea importante para nosotros, y que nos estimule y motive.

- Hazlo junto a algo que ya disfrutes. Por ejemplo: leer mientras tomas tu té favorito.
- Establece un objetivo mayor. Por ejemplo: quiero leer para mejorar mi concentración.
- Crea un ritual que te ayude a entrar en el *mood* para formar ese hábito. Por ejemplo: leer escuchando música relajante y con una vela prendida.

Paso 4. Hazlo fácil. Esta parte consiste en dividir el objetivo en pequeños pasos y reducir las posibles fricciones o distracciones.

- Concéntrate en la frecuencia y no en la calidad. No se trata de hacerlo siempre perfecto o siempre con tu 100% de energía. Lo que importa son las veces que lo repitas.

- Despeja tu espacio para que el hábito sea más fácil de crear y no te distraigas.
- Empieza con unos cuantos minutos al día y poco a poco ve subiendo el tiempo o las repeticiones hasta llegar a tu objetivo. Por ejemplo: no intentes correr 5 km el primer día, ve haciéndolo progresivamente.

Paso 5. Vuélvelo satisfactorio. Esta última parte significa crear una sensación de recompensa.

- Analiza el progreso: usar un *tracker* puede ser una herramienta útil para visualizar cómo progresas hacia tus metas. Registrar tus acciones no solo te ayudará a mantenerte motivado, sino también a identificar fortaleza y áreas de mejora. Además de registrar lo que hiciste, también anota cómo te sentiste mientras lo hacías, ya que las emociones influyen en la formación de nuevos hábitos. Recuerda que los contratiempos son parte del proceso. Lo importante es reconocerlos, aprender de ellos y retomar tu plan mejor armado.
- Celebra las pequeñas victorias: cuando nos planteamos objetivos a largo plazo, los avances pueden tardar en presentarse y esto puede resultar desmotivante. Celebrar nos permite reforzar las lecciones positivas que hemos aprendido en nuestro proceso y fortalece nuestra conexión con el objetivo. Ya que vamos a celebrar los logros por más pequeños que sean, las celebraciones tampoco deben ser elaboradas, solo tienen que ser significativas.
- Algunos hábitos no tienen resultados inmediatos: tú puedes crear pequeñas recompensas para ellos. Las recompensas hacen que las tareas difíciles parezcan menos trabajo y más diversión.

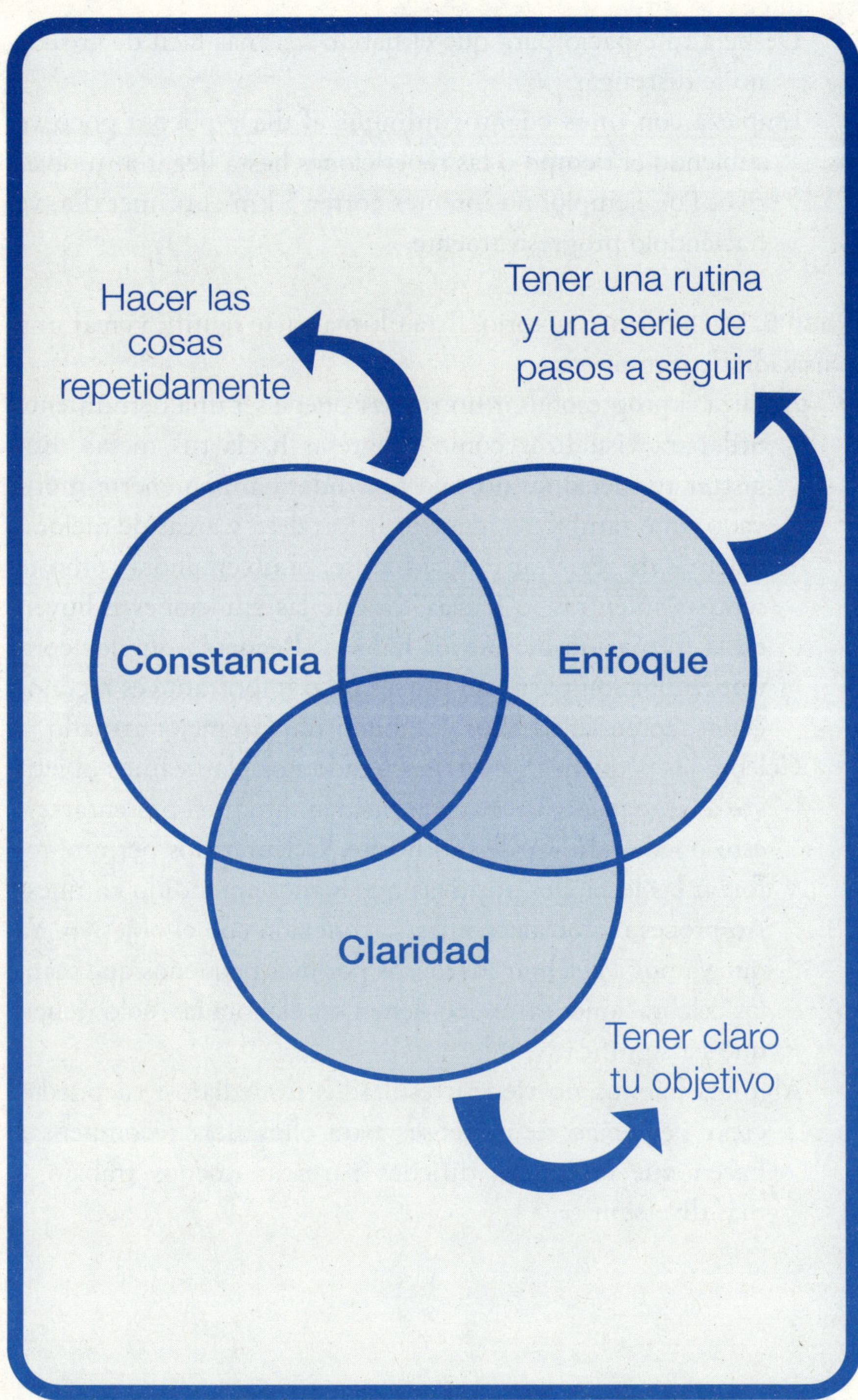
Hacer las
cosas
repetidamente
Tener una rutina
y una serie de
pasos a seguir
Constancia
Enfoque
Claridad
Tener claro
tu objetivo

Ejercicio

En los siguientes espacios vamos a anotar tus motivaciones para querer implementar el nuevo hábito que desees. Piensa en las cosas que consideras que aplican a tu situación y en los factores que son importantes para ti. Conocer esto nos puede ayudar a identificar tu motivación y las creencias que te están impidiendo adoptarlo.

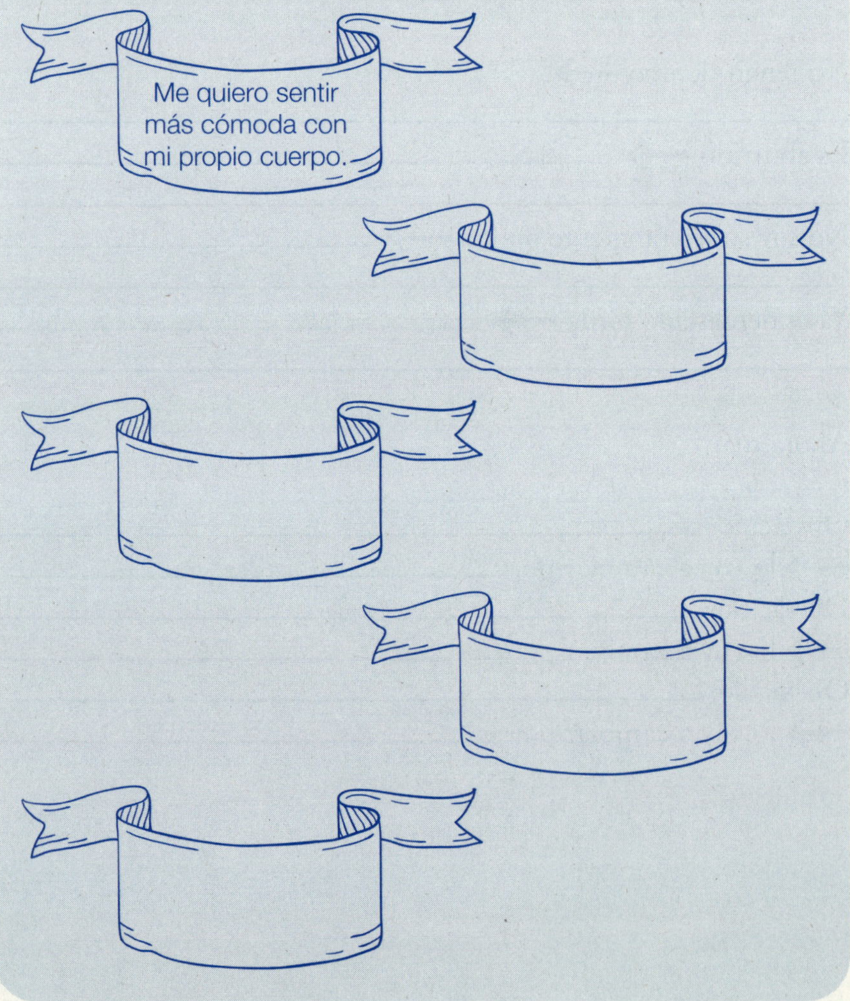

Obstáculos

A veces nuestra mente y nuestro cuerpo encuentran mil obstáculos en el camino hacia el cambio. Vamos a trabajar buscando una forma de replantear cada uno de los ejemplos y después tú podrás hacer los tuyos.

Ejemplo: Es demasiado difícil → Lo voy a intentar y poco a poco iré mejorando.

No tengo tiempo → ______

______

Es aburrido → ______

______

No soy suficientemente bueno → ______

______

Ya es demasiado tarde → ______

______

Ahora tú:

Obstáculo: ______

→ lo voy a cambiar por: ______

Obstáculo: ______

→ lo voy a cambiar por: ______

Obstáculo: ______

→ lo voy a cambiar por: ______

La importancia de registrar tu progreso

Crear y mantener hábitos saludables es un proceso que requiere constancia, pero también flexibilidad. Rastrear tu progreso no se trata de juzgarte, sino de desarrollar conciencia sobre lo que te funciona y lo que no. Lo importante es aprender a escucharte, reconocer cómo tu estado de ánimo afecta tu motivación y aprender a hacer ajustes que te ayuden a mantener hábitos de manera sostenible aun en los días de poca energía. Aquí te damos tres opciones de *trackers* para que elijas la que mejor se adapte a ti.

Check in rápido (Te recomendamos llenarlo al final del día)

¿Cómo me sentí hoy?										
¿Cómo comí hoy?	1	2	3	4	5	6	7	8	9	10
¿Cómo dormí hoy?	1	2	3	4	5	6	7	8	9	10
¿Tomé suficiente agua?	1	2	3	4	5	6	7	8	9	10
¿Cuál fue mi parte favorita del día?										
Hoy agradezco:										

Registro semanal de hábitos

Hábito	Día 1	Día 2	Día 3	Día 4	Día 5	Día 6	Día 7	Estado de ánimo	Nivel de energía 1 2 3 4 5

Prioridad de la semana:	Recompensa de la semana:

Esta semana noté que:

Mi progreso en pixeles

Cada cuadro representa un día. Ve coloreándolos si lograste cumplir con el nuevo hábito.

Esto te ayudará a visualizar tu constancia. Conforme llenes la cuadrícula, es probable que te vayas sintiendo más motivado.

Puedes asignar colores diferentes según tu nivel de energía o tu estado de ánimo.

	L	M	M	J	V	S	D
1							
2							
3							
4							
5							
6							
7							
8							
9							
10							
11							
12							
13							
14							
15							
16							
17							
18							
19							
20							
21							

	L	M	M	J	V	S	D
22							
23							
24							
25							
26							
27							
28							
29							
30							
31							
32							
33							
34							
35							
36							
37							
38							
39							
40							
41							
42							
43							
44							
45							
46							
47							
48							
49							
50							
51							
52							

Hábitos que necesitas desaprender para mejorar tu bienestar emocional

- **La búsqueda de aceptación externa.** Por querer quedar bien con todos dejamos de respetar nuestros propios límites, lo que puede llevar a la frustración, el agotamiento, a la desconexión con quienes somos. Es importante aprender a priorizar nuestra autenticidad y a establecer límites saludables.
- **El diálogo interno negativo.** Las palabras que más nos lastiman son las que nos decimos a nosotros mismos. El diálogo interno negativo afecta nuestra autoestima y puede contribuir a problemas como ansiedad, depresión y estrés. Aprender a hablarnos de manera amable, compasiva y realista, nos ayuda a reconocer que cometer errores es parte del proceso.
- **Pensar que pedir ayuda es un signo de debilidad.** La autoexigencia alimenta la idea de que debemos ser independientes y manejar todo solos. Todos atravesamos momentos difíciles, y contar con el apoyo de otros no solo nos alivia, sino que también nos fortalece.
- **No darte tiempo para descansar.** Vivimos en una sociedad que valora la productividad y la acción constante, lo que nos lleva a creer que descansar o tomarse un tiempo es un lujo innecesario. Sin embargo, no reposar puede llevarnos al agotamiento y a perder el disfrute. Es importante recordar que nuestro valor no depende de nuestra productividad.
- **Compararte con los demás.** En un mundo lleno de redes sociales y comparaciones, es fácil caer en la trampa de pensar que debemos medir nuestro progreso o felicidad en función de lo que hacen los demás. Cada persona tiene su propio camino, sus retos y su historia. Compararnos solo nos distrae de nuestras propias metas y nos impide reconocer nuestras fortalezas y logros.

El éxito es la suma de pequeños esfuerzos repetidos día a día.

Constancia vs. perfección

Todos sabemos que la perfección no existe, sin embargo, es común vernos guiados por ella. Se nos olvida que nadie comienza siendo experto, y es válido empezar sabiendo poco. Lo importante es atreverse a dar el primer paso y disfrutar el proceso. Al intentar cambiar nuestros hábitos, cada intento, cada error nos acerca más a mejorar. Lo importante es avanzar con constancia y paciencia.

La búsqueda de la perfección puede llevarnos a la parálisis, mientras que la constancia nos mantiene en movimiento, creciendo y progresando. ¿Por qué? Porque si buscas seguir tu plan al pie de la letra y siempre dando más de tu 100%, un día malo podría llevarte por el camino del autosabotaje al castigarte por no cumplir tus propias expectativas. Además, la perfección suele frenarnos. Nos atrapa en la idea de que, si no puede ser perfecto, mejor no hacerlo en absoluto. Esto genera expectativas poco realistas que, al no cumplirse, pueden marcar la pauta de una gran decepción y hacernos retroceder. La búsqueda de la perfección solo conduce al estrés, al agotamiento y a una serie de problemas de salud mental.

Es la constancia, el esfuerzo diario y la determinación de seguir adelante lo que verdaderamente cuenta. La constancia es la herramienta que nos permite crecer, aprender y mejorar con el tiempo. No importa si algunos días nos sentimos con más energía o inspiración que otros, lo importante es no frenar. La constancia y la comprensión de que las pequeñas acciones habituales se convierten en cambios significativos nos permite dar pasos diarios y realistas hacia nuestros objetivos.

No importa cuál sea el hábito que estás buscando corregir o implementar, adoptar una mentalidad orientada hacia el esfuerzo continuo en lugar de los saltos irregulares hacia un ideal inalcanzable puede allanar un camino más fácil hacia el éxito.

Al fin y al cabo se trata de equilibrio, no de perfección.

El lado oscuro de la autodisciplina

La creencia dicta que para alcanzar el éxito uno debe sacrificar siempre los placeres por metas a largo plazo. Es decir, que solo con mucha fuerza de voluntad lograremos nuestros objetivos. O que para conseguirlos debemos de sufrir y sacrificarnos. La autodisciplina promete orden, menos equivocaciones y mejores resultados y poco a poco pasa al autocastigo. Lo que debería de empujarnos hacia nuestras metas se vuelve una fuente de angustia.

Como en todo, la clave está en encontrar el balance. No se trata de olvidar nuestros objetivos sino de perseguirlos con amabilidad, flexibilidad y resiliencia. Es pasar de la crítica a la compasión. Redefine tu noción de éxito tomando en cuenta tu bienestar.

El problema con esta visión extrema de la autodisciplina es que puede llevarnos a perder de vista nuestra salud mental y emocional en el camino hacia el éxito. Al estar tan enfocados en la perfección y la rigidez, terminamos ignorando nuestras necesidades emocionales y físicas. El exceso de autocontrol puede resultar en agotamiento, ansiedad e incluso en un sentimiento de insatisfacción constante, ya que nunca nos permitimos disfrutar del proceso ni reconocer nuestros logros.

No **tienes** que **esperar** hasta haber **logrado** todas tus **metas para sentirte orgulloso** de ti **mismo.**

A lo largo de nuestra vida, todos hemos intentado hacer cambios en nosotros mismos, como hacer ejercicio o aprender un nuevo idioma. Sin embargo, a veces existe una barrera que frena estos intentos de éxito: el famoso autosabotaje. Este se manifiesta como un conjunto de pensamientos y comportamientos limitantes que llegan a ponerles fin a nuestros sueños antes de que tengan la oportunidad de materializarse.

El autosabotaje tiene sus raíces en la opinión que tenemos de nosotros mismos, es decir, nuestro autoconcepto. A menudo las creencias negativas que tenemos sobre nuestras habilidades, nuestro valor o nuestro potencial se van acumulando con el tiempo. Estas creencias limitantes nos llevan a tomar decisiones que sabotean nuestros propios esfuerzos, incluso cuando no somos conscientes de ello. Con el tiempo, esto puede convertirse en un ciclo repetitivo, donde cada error o contratiempo se interpreta como una confirmación de que no somos capaces y no merecemos el éxito. Esto refuerza nuestra percepción negativa, viéndonos como personas fracasadas, y dificulta nuestra capacidad para avanzar y lograr nuestras metas.

Las causas del autosabotaje son muchas y suelen ser complejas. Lo cierto es que todos, en algún momento, dejamos de tener control sobre nuestros actos y caemos en contradicciones que hacen que el resultado final no sea el que esperamos o deseamos.

A medida que nos hacemos conscientes de las creencias que hemos adoptado, podemos empezar a trabajar en transformarlas. Reconocer que lo único que se interpone entre nosotros y nuestros objetivos somos nosotros mismos es el primer paso.

El autosabotaje se puede manifestar como:

- El deseo constante de perfección.
- Procrastinar de forma crónica.

- Abandonar prematuramente proyectos.
- Evitar situaciones nuevas.
- No establecer límites con los demás.
- Generar excusas constantemente.
- Compararse con otros.
- Aferrarse a errores del pasado.

Me di cuenta de que me autosaboteo... ¿qué hago?

- Rastrea qué te hace sentir inseguro.
- Empieza a aceptar cumplidos.
- Pide ayuda cuando la necesites.
- Permite que la gente se acerque, crea una red de apoyo segura.
- Empieza o retoma los proyectos que tienes en pausa, no esperes a que llegue "el momento adecuado".
- Prioriza tus necesidades.
- Date el amor y apoyo que les darías a tus seres queridos.

Detectando el Autosabotaje

1. **Piensa en una meta reciente que no lograste alcanzar**
   Tómate un tiempo y piensa en esa meta.
2. **Identifica lo que te impidió avanzar**
   Escribe las razones que te impidieron lograr esa meta. ¿Fueron pensamientos como "no soy capaz"? ¿O procrastinaste o tomaste decisiones que sabías que no te ayudaban?
3. **Reflexiona sobre las emociones que sentiste**
   ¿Qué emociones estaban presentes? ¿Te sentiste inseguro, frustrado, o abrumado? Reconocer cómo te sentías puede ayudarte a detectar patrones.
4. **Anota un paso para cambiar el patrón**
   Piensa en un paso pequeño que puedas dar la próxima vez para evitarlo. ¿Cómo podrías actuar de manera diferente?

Cuestionario para profundizar

1. ¿Cuál es el mayor factor limitante en tu vida en este momento?

2. ¿Necesitas más dinero, tiempo o energía? (¿O tal vez todos ellos?)

3. ¿Qué es lo que te da miedo en relación con tus objetivos?

4. ¿Qué es lo peor que podría pasar si no logro mi objetivo?

5. ¿Qué es lo mejor que sucedería si logras tu meta?

6. ¿Por qué lo sientes así?

7. ¿Qué cosas están bajo tu control?

9. ¿Qué aspectos están fuera de tu control?

10. ¿Cuál sería una manera de superar un obstáculo hoy?

11. ¿Qué puedes hacer diferente?

El diálogo interno es en esencia cómo nos hablamos a nosotros mismos. Este proceso mental incluye pensamientos, reflexiones y juicios que podemos hacer sobre nosotros, los cuales influyen en nuestro bienestar y autoestima. La forma en que nos dirigimos a nosotros mismos nos define: si constantemente nos hablamos con desprecio, si creemos que somos menos que los demás, o si criticamos nuestros errores, entramos en un ciclo de autosabotaje. Esto puede dificultar la creación de hábitos saludables y frenar cualquier intento de mejora.

Tu diálogo interno afecta cómo te sientes, piensas y actúas. Si te hablas de manera negativa, es probable que pierdas la motivación para siquiera intentarlo. Por ejemplo, si todo el tiempo te dices "no soy capaz" o "no voy a poder", esas creencias se convierten en barreras reales que obstaculizan el progreso.

Para poder crear hábitos saludables y sostenerlos es necesario cambiar ese diálogo interno negativo. El primer paso es ser consciente de cómo sueles hablarte. Tómate un momento para observar tus pensamientos. ¿Identificas algún patrón que refuerza el autosabotaje?

Después atrévete a desafiar esos pensamientos. Cuestiónate si lo que piensas es en verdad cierto o si es un reflejo de tus inseguridades o expectativas poco realistas. La mente a menudo nos miente para mantenernos en una zona de confort que, aunque sea poco sana, es libre de incertidumbre. Busca evidencia que apoye o contradiga esos pensamientos. ¿Cuántas veces has logrado algo que tu mente te dijo que no podías?

Los cuatro tipos de diálogo interno

1. Personalizar

Crees que si algo anda mal debe ser por ti.
Sientes culpa constante sin razón aparente.
Te sientes responsable de los problemas de los demás.
"Si algo salió mal, es porque yo no lo hice bien.
Todo es mi culpa".

2. Catastrofizar

Imaginas el peor escenario posible.
Crees que todo tiene consecuencias desastrosas.
Te sientes abrumado todo el tiempo.
"Si no logro este objetivo, todo se va a venir abajo.
Mi vida entera será un desastre".

3. Polarizar

Ves las cosas como todo o nada.
No ves matices ni aceptas alternativas.
Si no es perfecto, es un fracaso.
"Si no consigo todo lo que me propuse esta semana, significa que no estoy avanzando en absoluto y todo mi esfuerzo ha sido en vano".

4. Hiperbolizar

Magnificas los aspectos negativos.
Tu mente lleva al extremo la situación.
Crees que todo tiene implicaciones enormes.
"Este error es el peor que pude haber cometido.
Arruinará mi futuro y nunca podré corregirlo".

Recuerda que siempre puedes reemplazar esos pensamientos negativos con una afirmación positiva:

No sirvo para nada → Todos cometemos errores de vez en cuando.
Soy una floja → Me estoy dando tiempo de descanso.
No puedo → Lo voy a intentar.

____________________ → ____________________

____________________ → ____________________

____________________ → ____________________

____________________ → ____________________

____________________ → ____________________

____________________ → ____________________

____________________ → ____________________

____________________ → ____________________

____________________ → ____________________

____________________ → ____________________

____________________ → ____________________

El simple acto de cambiar un pensamiento negativo por uno positivo puede transformar tu enfoque y aumentar tu motivación. Cuando empiezas a hablarte con más compasión y comprensión, el proceso de cambio se vuelve menos aterrador y más alcanzable. Este cambio de mentalidad es una herramienta poderosa para romper con el ciclo de autosabotaje y avanzar hacia la creación de hábitos saludables.

No **dejes** que un **“mal” día derrumbe** lo que estás **construyendo.**

4. ALTIBAJOS

¿Cómo mantenemos la constancia cuando nuestros días no siempre se ven iguales? La realidad es que día a día nuestros niveles de energía fluctúan, nuestro estado de ánimo cambia y hay momentos en que simplemente nos sentimos fuera de ritmo.

Imagina que te fuiste de *hiking* y tu objetivo es llegar al mirador en la cima. Durante la caminata, además de paisajes espectaculares, también encuentras subidas empinadas, bajadas inesperadas, obstáculos retadores y haces algunas paradas necesarias para recuperar el aliento. El trayecto no es fácil ni recto, ni es siempre bonito. Del mismo modo, tu proceso de crecimiento personal tampoco lo será.

Los altibajos emocionales son esas subidas y bajadas en el camino, esos momentos buenos y malos por los que inevitablemente se transita. No son señales de que estás fallando, sino parte natural del proceso. Aprender a reconocerlos, aceptarlos y ajustar tu ritmo en función de ellos es lo que te permitirá mantener el rumbo sin agotarte en el intento. Al final, la constancia no se trata de seguir avanzando a

toda costa, sino de encontrar maneras sostenibles de seguir moviéndote hacia adelante, incluso cuando el terreno no es ideal.

NOTA: los altibajos son variaciones o cambios naturales que pueden presentarse como altos emocionales (euforia o entusiasmo) o bajos emocionales (tristeza o desánimo). En este manual nos enfocaremos en los bajos emocionales, ya que suelen representar un desafío para adoptar y mantener hábitos.

Es importante entender que, aunque sean "bajos", no deben ser calificados como negativos. Tendemos a ver los momentos de entusiasmo como algo "bueno" y los de tristeza como algo "malo", pero ambos forman parte de la experiencia humana y cumplen una función. Los altos pueden impulsarnos a actuar, mientras que los bajos nos invitan a reflexionar y reajustar. Son esos momentos de duda, inseguridad o frustración que, aunque incómodos, son señales importantes de que algo debe ser atendido.

Cambiar tu perspectiva y empezar a entenderlos como parte de la vida te ayudará a no definirlos como fracasos. Son simplemente experiencias que, si se abordan con curiosidad y compasión en lugar de juicio y culpa, pueden ser puertas hacia un mayor autoconocimiento. Así que abraza esos días de bajoneo y recuerda tratarte con un poco más de paciencia y compasión. El crecimiento no siempre se siente como progreso. De hecho, muchas veces se siente como un caos antes de que las piezas se acomoden en su lugar.

Es fácil caer en la trampa de pensar que todo el trabajo que has hecho hasta ahora ha sido en vano y que ya no vale la pena seguir. Pero un día de bajoneo no significa que estés perdido o retrocediendo. Cuando un bajo interrumpe tu ritmo, no significa que tengas que empezar de cero, sino que debes retomar el camino donde lo dejaste, con un nuevo aprendizaje. Piensa en tu rutina como una casa

en construcción. Un día difícil puede ser una gotera o una grieta en la pared, algo que necesita atención, pero no una razón para tirar toda la casa. En lugar de verlo como un motivo para rendirte, conviértelo en una oportunidad para revisar la estructura, reparar lo necesario y continuar construyendo desde ahí. A veces, los bajos te revelan las áreas que necesitan más soporte. Aprovecha la incomodidad como un momento para seguir conociéndote y fortalecer tus cimientos.

Este capítulo está diseñado para acompañarte en esos días que desafían tu energía, motivación o confianza. Queremos ayudarte a entender que los bajos no te hacen débil, ni invalidan el esfuerzo que has puesto, ni eliminan el progreso que has logrado. Al contrario, significan que estás aprendiendo y creciendo. Y, sobre todo, que eres humano.

Crear hábitos que te acercan a tu versión ideal es un proceso de constancia, no de perfección. Si un "mal" día te sacó de la rutina, ¡no te desanimes! Puedes regresar poco a poco, solo necesitas una serie de estrategias que te ayuden a que los desvíos sean cada vez más gestionables. La idea es que tu rutina te sostenga, no que te presione. Utiliza este capítulo como una caja de herramientas para que en esos días complicados sientas que puedes volver a tu camino sin autocrítica ni culpa y seguir avanzando hacia esa versión de ti que tanto anhelas. Recuerda: el proceso no es lineal. Este libro está aquí para que te sientas acompañado en esas curvas, aprendas cómo sobrellevarlas y puedas seguir avanzando.

Cuando sientas que el malestar vuelve

- Haz una pausa.
- Escucha a tu cuerpo.
- Desahoga tus emociones.
- Ajusta tu rutina.

Recordatorios para un día difícil

No todos tus pensamientos son ciertos.

✦

Es inevitable que las cosas cambien, y eso está bien.
Eres resiliente.

✦

Concéntrate en lo que puedes controlar y suelta lo demás.

✦

Un mal día no significa una mala vida.

✦

Es válido sentir emociones desagradables.
No trates de reprimirlas. Acepta y procesa.

✦

Este sentimiento no durará para siempre,
aunque ahora se sienta muy intenso.

✦

No te presiones para que "se te pase".
Nadie puede estar alegre todo el tiempo.

✦

Sé cariñoso contigo en lugar de frustrarte por sentirte así.

✦

Escucha a tu cuerpo y dale atención extra.

✦

Recuerda que hay personas que están para escucharte
y ayudarte.

Kit de emergencia para salir de un bache emocional

1	**SIENTE** →	¿Cuál es el sentimiento subyacente?	
2	**RASTREA** →	¿De qué situación deriva este bache?	
3	**HABLA** →	¿En quién confías para que escuche tu malestar?	
4	**INSPÍRATE** →	¿Cómo podrías cambiar tu *mindset*?	
5	**COMIENZA** →	¿Con qué pequeño objetivo te puedes comprometer?	
6	**REFUERZA** →	¿Quién te podría ayudar a mantener la motivación?	

Date una pausa de 10 minutos

¿Te sientes estancado, frustrado o distraído? Date una pausa. Dedica este tiempo a ti mismo. ¡Respira profundo y sigue!

Programa un temporizador de 10 minutos.

Siéntate sobre un tapete de yoga o una manta y cierra los ojos.

Escucha una meditación guiada, música relajante o el ruido de tu entorno.

¿Qué estás sintiendo en tu cuerpo? Analiza parte por parte, desde la cabeza hasta los pies.

Inhala dos veces seguidas y exhala profundamente.

Tips para adaptar tu rutina en esos días de bajoneo

Escoge una opción de cada una de las columnas.

SALUD MENTAL	SALUD FÍSICA
Pasa la primera media hora del día sin celular Escribe tu intención del día Escribe cinco cosas por las que estás agradecido Repite tus afirmaciones Dedica cinco minutos de juego a tu mascota	Dedica cinco minutos de estiramientos suaves Practica ejercicios de respiración Realiza una caminata de 15 minutos Date una rutina exprés de *skin care* Usa bloqueador
NUTRICIÓN	**PRODUCTIVIDAD**
Toma una taza de matcha o tu té favorito Prepara un desayuno rápido Toma tus vitaminas Bebe un vaso de agua al despertar Evita azúcar y cafeína	Tiende tu cama Haz una lista de tus tres prioridades del día Revisa tu calendario Agenda cuatro pausas de 15 minutos durante el día Despeja tu zona de trabajo

No siempre se puede dar el 100%. A veces un pequeño paso es suficiente. En esos días trata de escuchar con más atención a tu cuerpo y date permiso de bajar el ritmo.

Tres cosas que puedes hacer si despertaste bajoneado

1. Haz algo por tu espacio: ordena tu escritorio, prende una vela para armonizar o pon tu *playlist* favorita mientras trabajas.

2. Haz algo por alguien más: envía un mensaje a algún ser querido, ayuda a un compañero, dale un poco de comida o agua a un animalito de la calle.

3. Haz algo por ti: cómprate tu bebida favorita, llévate el día lento aunque no hagas todo perfecto, haz una meditación guiada.

Cuatro alternativas al café que te darán energía

LECHE DORADA

- 1 taza de leche
- 1 cucharadita de cúrcuma en polvo
- ½ cucharadita de canela en polvo
- ¼ de cucharadita de jengibre en polvo
- 1 cucharadita de extracto de vainilla
- Endulzante al gusto

Calienta la leche y agrega todos los ingredientes. Deja hervir, retira del fuego y cuela si es necesario.

COCOA LATTE

- ¼ de taza de agua
- 2 cucharaditas de cocoa en polvo
- 1 cucharadita de canela en polvo
- ¼ de cucharadita de cardamomo en polvo
- ¼ de cucharadita de jengibre en polvo
- ¾ de taza de leche
- 1 cucharadita de extracto de vainilla
- Endulzante al gusto

Calienta el agua y agrega las especias. Cuando suelten olor, agrega el resto de los ingredientes. Deja hervir, retira del fuego y cuela si es necesario.

GREEN LATTE

- 1 taza de leche
- 1 cucharadita de espirulina en polvo
- 1 cucharadita de canela en polvo
- ½ cucharadita de té matcha
- 1 cucharadita de extracto de vainilla
- Endulzante al gusto

Calienta la leche y agrega los ingredientes. Deja hervir, retira del fuego y cuela si es necesario.

PINK LATTE

- 1 taza de leche
- ¼ de taza de frutos rojos
- 1 cucharadita de betabel en polvo
- ½ cucharadita de maca en polvo
- ½ cucharadita de extracto de vainilla
- 1 pizca de sal
- Endulzante al gusto

Licua los frutos rojos. Calienta la leche y agrega los ingredientes. Mezcla bien hasta disolver. Deja hervir y retira. Cuela si es necesario.

Los días de bajoneo son parte natural de la experiencia humana. Todos pasamos por momentos donde nos sentimos abrumados, tristes o cansados, y es importante reconocer que está bien tener estos días. Llorar durante estos momentos puede brindar gran alivio.

5 beneficios del llanto:

1. Libera emociones y reduce el estrés:

Llorar ayuda a eliminar las hormonas del estrés y toxinas, aliviando tanto el dolor emocional como físico.

2. Fomenta la empatía y la conexión:

Llorar nos pone en contacto con nuestra vulnerabilidad, promoviendo la cercanía con otros.

3. Mejora la salud mental:

Al liberar emociones reprimidas, se reduce la ansiedad, la depresión, entre otros.

4. Actúa como detox emocional:

El llanto es una respuesta natural a la tristeza y otras emociones incómodas, ayudando a restaurar el equilibrio emocional.

5. Refuerza la resiliencia:

Llorar contribuye a procesar mejor los sentimientos difíciles, lo que mejora la capacidad para enfrentarlos en el futuro.

Está bien...

Está bien que te gusten las cosas simplemente porque te gustan y no porque sean populares.

✦

Está bien no ser productivo en todo momento.

✦

Está bien ser quien eres.

✦

Está bien expresar tus emociones.

✦

Está bien si no tienes todo resuelto.

✦

Está bien empezar de nuevo las veces que sea necesario.

✦

Está bien llorar de vez en cuando.

✦

Está bien creer en ti.

✦

Está bien no saber qué hacer.

✦

Está bien pedir ayuda.

Avanzar no significa estar libre de dudas, miedos o errores, sino seguir adelante a pesar de ellos.

Llevabas una buena racha despertándote temprano para hacer ejercicio, pero últimamente empiezas a apagar la alarma. Prefieres quedarte en cama, aunque sabes que luego te sentirás culpable. Cuando por fin te levantas, ves todos los pendientes del día y, en lugar de empezar, te quedas viendo videos en tu celular. Las cosas que antes te emocionaban ahora te parecen pesadas y sin sentido. Lo que antes hacías en un par de minutos ahora te toma horas. Te distraes fácilmente, te sientes cansado e irritable y tienes pensamientos negativos recurrentes, como: "¿Para qué me esfuerzo si de todos modos no avanzo?". Has perdido la motivación.

Definición

La desmotivación es un estado de **bloqueo interno** que, por un lado, nos hace sentir que no tenemos energía o razones suficientes para esforzarnos y, por otro, nos provoca culpa por no estar actuando.

Síntomas

- Procrastinación
- Pérdida de interés
- Apatía y falta de entusiasmo
- Disminución en la productividad
- Problemas para concentrarse
- Pérdida de iniciativa

- Entumecimiento emocional
- Pensamientos negativos

Causas

La desmotivación puede surgir por varias razones, pero por lo general está relacionada con la falta de propósito. También puede ser una señal de que tus objetivos han cambiado o de que estás priorizando las expectativas de los demás en lugar de las tuyas.

Aquí hay algunas causas comunes:

- Falta de gestión emocional
- Metas indefinidas, irrelevantes o poco realistas
- No saber priorizar
- Falta de confianza
- Aburrimiento
- Estrés
- Falta de reconocimiento propio o externo

Bingo de desmotivación

Estás postergando tus tareas	Todo te da igual	Te sientes más cansado de lo normal
Perdiste el interés por cosas que antes disfrutabas	No te puedes concentrar	Estás dudando de tus capacidades más de lo usual
No tienes ganas de hacer algo nuevo	Te estás comparando mucho	Sientes que no avanzas en tus metas

Miniguía para recuperar la motivación

1. Reflexiona sobre tu "porqué"
   - Reconecta con las razones para hacer lo que estás haciendo.
   - Define tus valores y prioridades y úsalos como guía para no perder el impulso y la dirección.
     - *¿Por qué me propuse esta meta?*
     - *¿Qué significa para mí?*
     - *¿Cómo espero sentirme cuando lo logre?*
2. Establece metas claras y alcanzables
   - Ajusta tus metas a tu realidad actual. No dejes que las expectativas de otros influyan.
   - Divide tus metas en objetivos más pequeños y concretos.
   - Concéntrate solo en el siguiente paso.
3. Sal de la monotonía
   - Cambia de ambiente o reordena tu espacio.
   - Introduce nuevos pasatiempos o actividades recreativas.
   - Rodéate de gente que te inspire.
4. Celebra cada logro por pequeño que sea
   - Establece recompensas para cuando hayas cumplido un objetivo.
   - Date tiempo para reconocer tus avances.
   - ¡Celebra! No estás cumpliendo solo con una "obligación".
5. Sé amable contigo mismo
   - Piensa en los beneficios, no en las dificultades.
   - No te castigues por sentirte así. La motivación es algo que fluctúa.
   - Esto es una carrera de resistencia, no de velocidad.
   - Recuerda que cada persona tiene su propio camino y su propio ritmo.

Afirmaciones para días de poca motivación

- "Hoy me enfocaré en lo que puedo hacer, no en lo que no puedo".
- "Estoy haciendo lo mejor que puedo con lo que tengo".
- "Puedo sentirme desmotivado y aun así seguir adelante".
- "Me doy permiso de descansar si lo necesito".
- "Sentirme incómodo no me impide continuar".
- "No tengo que hacer todo al mismo tiempo".
- "Es válido no tener la misma energía todos los días".
- "Un día difícil no define mi futuro".
- "Creo en mí y en mi capacidad para lograr mis metas".
- "Cada paso cuenta".

Escribe tus afirmaciones y dilas en voz alta (al despertar es un buen momento).

1. ______________________________
____
____
____

2. ______________________________
____
____
____

3. ______________________________
____
____
____

¿Qué incorporar en tu rutina para sobrellevar un día de desmotivación?

Comienza el día con cinco minutos de ejercicios de respiración.

✦

Sal a caminar o haz 10 minutos de estiramientos.

✦

Haz un *brain dump*, es decir, escribe libremente todo lo que tengas en la mente.

✦

Toma un descanso de las redes sociales.

✦

Ordena tu espacio.

✦

Define una prioridad para tu día.

✦

Toma cuatro pausas de 20 minutos durante el día.

✦

Pasa una hora haciendo algo que disfrutes.

✦

Intenta dormir ocho o nueve horas.

Cuestionario para profundizar

1. ¿Qué me ha provocado el mayor sentimiento de satisfacción? ¿Por qué?

2. ¿Qué me ha provocado el mayor sentimiento de decepción? ¿Por qué?

3. ¿Qué cambios importantes quisiera hacer este año en relación con mi visión de vida (mis finanzas, mi carrera, mi bienestar y mis relaciones)? ¿Y en los próximos cinco años?

4. ¿Por qué son importantes esos cambios para mí?

5. ¿Me da miedo aceptar que quiero algo por miedo a lo que vayan a decir de mí?

6. ¿Qué pasos tengo que dar hoy para acercarme a estos objetivos?

7. ¿Cómo puedo dividir estos objetivos en pasos concretos? ¿Cuál sería el primer paso?

8. ¿Cuál es el objetivo más significativo que quiero alcanzar? ¿Cómo va a mejorar mi vida?

9. ¿Qué obstáculos o desafíos creo que se puedan presentar? ¿Cómo los superaría?

10. ¿Mis hábitos actuales apoyan o dificultan mis objetivos?

11. ¿Cómo defino el éxito? ¿Cómo sabré que lo logré?

12. ¿Mis objetivos están considerando mis recursos, tiempo y habilidades actuales?

13. ¿Quién me puede apoyar para alcanzar mis metas? ¿Cómo puedo pedir ayuda?

14 ¿Qué creencias limitantes sobre mí o mis habilidades necesito cambiar para acercarme a mis objetivos?

15 ¿Cómo puedo celebrar cuando alcance un objetivo significativo en mi proceso?

16 ¿Cuál es una habilidad que pueda desarrollar o adquirir para logar estos objetivos?

17 ¿Alcanzar mis objetivos me hará sentir más alineado a mis valores?

18 ¿Cómo puedo medir mi progreso?

19 ¿Qué me da miedo sobre el futuro? ¿Puedo replantear estos miedos como oportunidades?

20 ¿Cómo me gustaría que la gente me recordara? ¿Qué legado quiero dejar?

Vitrina de logros

En esta página reconoce tus logros y todo lo que has hecho bien. No importa qué tan grande o pequeño sea, hay que celebrar cada uno. Recuerda que celebrar te ayuda a seguir adelante.

Puedes con todo, pero no con todo a la vez.

2 Burnout

Llevas varios días sintiendo que estás viviendo en piloto automático. Intentas seguir cumpliendo con tus responsabilidades, pero sientes que no te queda más energía. Te cuesta mucho trabajo concentrarte y se te olvidan cosas simples, como por qué fuiste a la cocina o qué ibas a decir en medio de una conversación. Cometes pequeños errores y tienes descuidos más seguido. Te sientes agotado, tenso y estás al borde del llanto a todas horas. Lo que antes disfrutabas ahora se siente como una carga y ya no te hace sentir satisfacción alguna. Llegaste al punto del *burnout*.

Definición

El *burnout* es un **estado de agotamiento físico, mental y emocional extremo** provocado por periodos extensos de estrés y presión en el trabajo o en la vida personal. En otras palabras, tu cuerpo ha estado en constante estado de alerta y sin descanso adecuado, quedándose sin reservas.

Cualquier persona puede llegar a padecer *burnout*, independientemente de cuál sea tu trabajo, de si amas lo que haces o no, de salir a una oficina o trabajar desde casa, si trabajas con gran intensidad por tiempo prolongado puedes llegar al *burnout*. Sin embargo, también se puede experimentar *burnout* fuera del ámbito laboral. Puedes padecerlo dependiendo de las responsabilidades que tengas en tu día a día. Un ejemplo claro son los padres de bebés recién nacidos o aquellas personas a cargo de un familiar enfermo, quienes con frecuencia están sometidos a altos niveles de estrés o ansiedad.

Estrés vs. *burnout*

	ESTRÉS	*BURNOUT*
¿QUÉ ES?	Respuesta física y emocional ante presiones y desafíos externos concretos. Es un estado de hiperactividad y tensión que aún permite funcionar	Estrés crónico, un estado de agotamiento profundo donde ya no queda energía para actuar
DURACIÓN	Generalmente es temporal y está relacionado con situaciones específicas	Es de duración prolongada, es el resultado de mucho estrés acumulado
CAUSAS	Sobrecarga de trabajo, problemas personales, cambios repentinos, etc.	Estrés crónico, desbalance entre el esfuerzo y la recompensa, expectativas irreales o monotonía

	ESTRÉS	*BURNOUT*
SÍNTOMAS MÁS COMUNES	Tensión, irritabilidad, preocupación, agobio, dolores de cabeza, insomnio, cansancio, pensamientos acelerados, etc. Si no se maneja, puede evolucionar al *burnout*	Fatiga extrema, indecisión, entumecimiento emocional, defensas bajas, problemas de sueño, baja autoestima, falta de concentración, desinterés, disminución del rendimiento, etc. Si no se maneja, puede llevar a depresión y ansiedad
RECU-PERACIÓN	Generalmente mejora con descanso apropiado y técnicas de relajación	Requiere descanso total, cambios en el estilo de vida y acompañamiento profesional
PRE-VENCIÓN	Técnicas de manejo del estrés, pausas activas, organización del tiempo, apoyo social	Límites claros, balance entre la vida laboral y personal, hábitos saludables

Hoy en día existe una presión silenciosa pero constante de estar siempre haciendo más. Es fácil caer en la trampa de la autoexigencia, pero recuerda: el éxito sin bienestar no es éxito. Puedes crear, trabajar y prosperar sin perder tu paz en el proceso. Si estás luchando con esa voz interna que dice que no puedes parar, respira. Encuentra una versión de ti que se sienta satisfecha fuera del trabajo. El verdadero éxito está en encontrar el equilibrio entre lo que haces y lo que eres.

Miniguía para recuperarte del *burnout*

1. Pausa y reflexiona
   - El primer paso es reconocer que estás agotado y bajar el ritmo.
   - Pon atención a tus síntomas.
   - Lleva registro de tus detonantes para identificar patrones.

2. Crea un kit de emergencia
   - Prueba distintas técnicas de manejo de estrés y haz una lista de lo que te guste y te funcione a ti.

   Ejemplo:

KIT DE EMERGENCIA (escoge una opción)

Respiración 4 × 4
Contar del 100 al 0
Salir a caminar 10 minutos
Escuchar música *lo-fi*
Un masaje de manos
Ordenar mi espacio de trabajo
Pasar 15 minutos a solas
Mi infusión herbal favorita

3. Concéntrate en lo básico
   - Muévete. Sal a caminar, baila, haz yoga. Esto elevará tu estado de ánimo y bajará el estrés.
   - Crea una rutina de sueño.
   - Come sano y a tus horas.
   - Cuida tu higiene.

4. Descansa
   - Tómate un día (o varios) a solas para descansar y recargar pilas.
   - Cancela planes a los que no quieras ir.
   - Pasa tiempo con las personas que te recargan la pila.
   - Sal a la naturaleza.
   - No respondas mensajes no urgentes.
   - Bajar el ritmo es importante durante este tiempo.

5. Evalúa y ajusta
   - Evalúa el equilibrio en tu vida laboral y personal.
   - Haz los cambios necesarios en tu rutina, priorizando el autocuidado.
   - Revalora tus metas personales. Concéntrate en lo que es importante para ti.
   - Empieza a decir que no.

Afirmaciones para periodos de *burnout*

- "Descansar no significa rendirse".
- "Mi productividad no me define".
- "No tengo que hacer todo solo. Me permito pedir ayuda".
- "Cuidar de mí no es egoísta, es necesario".
- "Elijo ser paciente conmigo mismo".
- "Mi valor no depende de cuánto trabaje".
- "Mi energía tiene límites y respetarlos es un acto de amor propio".
- "Ser productivo no significa estar siempre ocupado".
- "No tengo que hacer todo al mismo tiempo".
- "Puedo decir que no sin sentir culpa".

Escribe tus afirmaciones y dilas en voz alta (al despertar es un buen momento).

1. ______________________________
____
____
____

2. ______________________________
____
____
____

3. ______________________________
____
____
____

Simplifica tu rutina

Recuerda que estas estrategias no funcionarán para todos y que son temporales en lo que te repones. Puedes adaptarlas a tu estilo de vida y necesidades personales. La clave es reducir la toma de decisiones en áreas donde no es esencial, para conservar tu energía mental y recuperarte del *burnout.*

- Crea "uniformes" para diferentes ocasiones.
- Establece límites de tiempo para ciertas actividades: limpieza, revisar correos, cuidado personal, etc.
- Ten una cesta para poner la ropa limpia en lo que la guardas y así mantener tu espacio ordenado.
- Prepara comida para dos o más días para no tener que cocinar diario, pero para mantener una buena alimentación.
- Borra aplicaciones de trabajo de tu celular.
- Automatiza lo más que puedas: pagos, compras, etc.
- Crea plantillas para tus correos, documentos o tareas.
- Prioriza, delega y pide ayuda.

Cuando te sientas mejor, retoma tu rutina gradualmente. Empieza con las tareas más ligeras y ve aumentando la carga poco a poco.

Hábitos para evitar el *burnout*

Por la mañana:

✦

Levántate a la misma hora todos los días.
No uses tu celular en los primeros 30 minutos de la mañana.
Toma 10 minutos para despertar sin prisas.
Evita la cafeína.
Prepara un desayuno nutritivo.
Haz una lista de lo que necesitas completar durante el día.

✦

Mediodía:

Mantente hidratado y escoge *snacks* saludables.
Programa pequeños descansos entre tus actividades.
Estira tu cuerpo cada cierto tiempo.

✦

Tarde:

Sal a caminar para cerrar tu jornada laboral.
Haz ejercicios de bajo impacto.
Dedica tiempo a actividades creativas no laborales,
como leer o dibujar.

✦

Noche:

Toma un baño tibio.
Cena ligero.
Haz ejercicios de respiración.
No uses tu celular al menos una hora antes de dormir.
Acuéstate siempre a la misma hora y duerme ocho horas.

Pasatiempos para aliviar el *burnout*

La recuperación no solo requiere descansar, sino reconectar con aquello que nos llena de satisfacción y alegría. ¿Qué pasatiempo te puede ayudar a sentirte más como tú otra vez?

- Hacer ramos de flores para tu casa o para regalar.
- Pintar, colorear o hacer collages.
- Caminar escuchando música y apreciando el entorno.
- Preparar una nueva receta.
- Salir de paseo para tomar fotos.
- Cocinar tu receta favorita.
- Dar un paseo en bicicleta.
- Hacer papiroflexia.
- Armar rompecabezas.
- Seguir tutoriales para aprender coreografías.
- ¿Hay algún *hobby* que disfrutabas mucho de niño y que, por alguna razón, dejaste de hacer al crecer?

  ____

  ____

  ____

  ____

  ____

- ¿Hay algún *hobby* que siempre has querido intentar pero no te has atrevido a hacerlo?

  ____

  ____

  ____

  ____

  ____

Hábitos que impiden el balance entre lo personal y lo laboral

Establecer metas poco realistas y trabajar sin descanso para alcanzarlas.

✦

Definir tu propio valor a través de tu desempeño en el trabajo.

✦

Ignorar la necesidad de descanso.

✦

Querer complacer y decir que sí a todo.

✦

Guiarte por expectativas ajenas o no conocer tus prioridades.

Diez señales de que tu cuerpo necesita descansar

1. Te duele la cabeza y sientes presión en el pecho.
2. Te dan resfriados constantes.
3. Tu piel se ve apagada y seca.
4. Sufres de insomnio.
5. Te duele el estómago sin razón aparente.
6. Tu apetito ha cambiado.
7. Te sientes agotado aun después de dormir.
8. Tienes tensión en hombros, cuello y mandíbula.
9. Te pierdes en tus pensamientos y no puedes concentrarte en tus tareas diarias.
10. Tienes cambios de humor repentinos.

Tips para dormir mejor

✦

Apaga todas las pantallas al menos una hora antes de irte a la cama.

✦

Mantén un horario constante al despertarte, incluso los fines de semana.

✦

Intenta tomar alguna infusión herbal caliente: manzanilla, valeriana, lavanda.

✦

Toma magnesio antes de dormir.

✦

Pon un difusor con aceites esenciales junto a tu cama.

✦

Prueba meditar o escuchar música suave.

✦

Toma un baño tibio antes de acostarte.

✦

Realiza actividad física durante el día, sólo no lo hagas demasiado cerca de la hora de acostarte.

✦

Evita tomar alcohol antes de irte a dormir.

✦

Mantén calientes tus pies y manos.

Cuestionario para profundizar

1. ¿Qué significa el éxito para mí? ¿Cómo lo puedo redefinir para incluir mi bienestar y satisfacción?

2. ¿Estoy definiendo mi valor por lo que logro o produzco?

3. ¿Por qué le estoy dando más peso al trabajo?

4. ¿Qué tanto dejo que mi trabajo me defina como persona?

5. ¿Qué aspectos de mi vida estoy descuidando por priorizar el trabajo?

6. ¿Tengo claros mis límites físicos y emocionales? ¿Los estoy haciendo respetar?

7. ¿Cómo puedo establecer límites más claros entre el trabajo y mi vida personal?

8 ¿Dedico tiempo suficiente a descansar y recuperarme?

9 ¿Reconozco las señales que mi cuerpo me da cuando necesito un descanso?

10 ¿Creo que descansar es una pérdida de tiempo? ¿Por qué?

11 ¿Cómo puedo ajustar mi rutina para incluir el descanso?

12 ¿Hay tareas que puedo delegar o rechazar para reducir mi carga?

13 ¿Por qué me cuesta trabajo delegar o pedir ayuda? ¿Qué creencia limitante está detrás?

14 ¿Por qué necesito estar siempre ocupado?

15 ¿Qué emociones experimento cuando no estoy siendo productivo?

16 ¿Qué actividades me recargan de energía? ¿Cómo puedo priorizarlas?

17 ¿Cuánto tiempo dedico a mis pasatiempos no laborales?

18 ¿Conozco alguna técnica para manejar el estrés?

19 ¿Qué prácticas de autocuidado puedo priorizar cuando me siento agotado?

20 ¿Cómo puedo medir mi progreso de manera más saludable?

Hay una **versión** de ti que estaría muy **orgullosa** del **crecimiento** y **progreso** que has **logrado.**

3 Síndrome del impostor

Cada día te enfrentas a tareas cotidianas, como preparar documentos o dar presentaciones. Aunque sabes que tienes las habilidades para hacerlo, te sientes inseguro. Piensas que, si todo te sale bien, fue por suerte o porque las circunstancias fueron favorables, no porque realmente seas bueno en lo que haces. Cuando alguien te hace un cumplido por una idea que diste, te incomodas y tratas de minimizarlo diciendo que fue algo fácil o que cualquiera pudo haberlo pensado. En el fondo, te preocupa que, si ponen atención, descubran que no eres tan capaz como aparentas. Esa sensación te persigue todos los días, aunque no haya motivos concretos que la respalden. Estás sintiendo el síndrome del impostor.

Definición

El síndrome del impostor es un fenómeno psicológico que **nos hace dudar de nuestras habilidades y sentir miedo constante a ser expuestos como "impostores"**. Es la creencia de que no somos capaces de alcanzar nuestros logros ni de merecer el éxito a pesar de que no haya evidencias para comprobarlo.

Síntomas

- Dudar constantemente sobre las propias habilidades
- Miedo a ser descubierto como un fraude
- Sentir que no eres lo suficientemente bueno o no estás suficientemente preparado

- Atribuir los logros a la suerte en lugar de al propio esfuerzo o habilidades
- Pánico a cometer errores o no cumplir con las expectativas
- Tener expectativas irreales sobre uno mismo
- Necesitar estar siempre ocupado
- Creer que todos son más capaces o merecedores que uno
- Procrastinar para evitar equivocaciones
- Creer que la gente está criticándote o juzgándote todo el tiempo
- No poder delegar responsabilidades o rechazar sobrecarga de actividades
- Sentir presión por completar todas las tareas a la perfección
- No poder aceptar críticas o retroalimentación
- Sentirse incompetente cuando algo no sale a la primera

Causas

- Falta de confianza en uno mismo o baja autoestima
- Expectativas poco realistas
- Comparación excesiva
- Perfeccionismo y autoexigencia extrema
- Familia hipercrítica
- Entornos competitivos o exigentes, presión social
- Falta de reconocimiento propio

Miniguía para superar el síndrome del impostor

1.

Reconoce y valida tus sentimientos

✦

Reflexiona sobre cómo te está afectando tu forma de pensar y actuar. Recuerda no juzgarte.

2.

Cuestiona tus pensamientos negativos y analiza tu diálogo interno

✦

Cuando te digas que no mereces algo, detente y pregúntate qué evidencias tienes para respaldar esa creencia. Aprende a gestionar tu autocrítica, esa voz interior que te juzga por no ser perfecto.

3.

Reconoce tus habilidades y logros

✦

Lleva un diario de cosas que pensaste que no ibas a poder cumplir y sí lograste. Evita restarle valor a lo que haces.

4.

Aprende a aceptar cumplidos

✦

Sí, tu propia satisfacción es más importante que los elogios externos, pero puedes aceptar un cumplido de forma respetuosa. Celebrarte no es egoísta, es un acto de amor propio.

5.

Comparte tus dudas

✦

Cuando la inseguridad regrese, habla con alguien en quien confíes para poner las cosas en perspectiva. Compartir nuestros pensamientos nos ayuda a verlos de manera objetiva.

Efecto *spotlight*: recuerda que el reflector no está puesto sobre ti. La mayoría de las personas está más preocupada por sus propios asuntos que por lo que tú haces. Deja ir el miedo a actuar por lo que podrían decir de ti.

Pequeñas acciones que puedes tomar para combatir el síndrome del impostor:

1.

Únete a un grupo: el síndrome del impostor se agrava cuando uno está solo, por lo que encontrar a otras personas con experiencias similares creará un entorno de validación y seguridad para compartir tus inseguridades.

2.

Busca un mentor: encontrar a alguien cuyos logros y valores te inspiren puede ser de gran ayuda para motivarte a seguir adelante.

3.

Anota cada uno de tus logros: escribe todas las veces que recibas comentarios positivos para que, cuando el síndrome del impostor aparezca, puedas recurrir a estas notas como forma de apoyarte en ti mismo.

Afirmaciones para recuperar la confianza

- "Mis logros son resultado de mi esfuerzo".
- "Está bien si me equivoco. Es parte del proceso y significa que lo intenté".
- "Estoy orgulloso de lo que he alcanzado".
- "No tengo que ser perfecto para ser valioso".
- "No tengo que saber hacer algo a la perfección para poder disfrutarlo".
- "Está bien no saberlo todo, sigo aprendiendo y creciendo".
- "Soy capaz, valioso y merezco lo que tengo".
- "Valoro mi esfuerzo a pesar del resultado".
- "La perfección no es realista. Hacer lo mejor posible es suficiente".
- "Ser menos exigente conmigo mismo no significa conformarme".

Escribe tus afirmaciones y dilas en voz alta (al despertar es un buen momento).

1. ____
2. ____
3. ____

¿Qué incorporar en tu rutina?

Empieza la mañana con un momento de gratitud. Escribe lo que aprecias de ti o un logro que te haya hecho muy feliz.

Tiende tu cama para sentir que empiezas el día cumpliendo con una tarea.

Haz ejercicios de *mindfulness* para anclarte en el presente.

Escribe un fracaso que hayas tenido y hacia dónde te llevó.

Mueve tu cuerpo. Liberarás endorfinas y aumentarás tu confianza.

Repite tus afirmaciones cuando regresen los pensamientos negativos.

Tómate una pausa de las redes sociales. No te compares con lo que ves en internet.

Termina algo que hayas dejado a la mitad.

Cuestionario para profundizar

1. ¿En qué áreas de la vida me siento más confiado? ¿En cuáles me siento inseguro?

2. ¿Cómo me siento física y emocionalmente cuando empiezo a dudar de mí mismo?

3. ¿Suelo compararme? ¿Hay personas específicas que detonan mi sentimiento de inferioridad? ¿Cómo afecta mi autopercepción?

4. ¿Cómo defino mi éxito?, ¿y mi fracaso?

5. ¿Cómo me siento cuando cometo errores?

6. ¿Cómo manejo la crítica o la retroalimentación? ¿Qué dice esto de mi confianza?

7. ¿Qué rol juega el perfeccionismo en mi sentimiento de inferioridad?

8. ¿Cómo defino mi valor?

9. ¿Busco validación externa? ¿De quién?

10. ¿Qué haría si no creyera que la gente me está juzgando?

11. ¿Qué pensamientos me surgen cuando otros me hacen cumplidos? ¿Qué dice esto de mi autopercepción?

12. ¿Cómo puedo desafiar mi diálogo interno para ser más amable conmigo mismo?

13. ¿Qué cosas me gustan de mí mismo? ¿Por qué?

14 ¿Qué me gustaría que la gente notara de mí?

15 ¿En qué situación me he sentido verdaderamente valorado?

16 ¿Qué fortalezas tengo que suelo minimizar?

17 ¿Cómo puedo recordarme mi valor cada día?

18 ¿Mis inseguridades tienen influencia en mis objetivos y expectativas?

19 ¿Cómo sería mi vida si no tuviera inseguridades? ¿Cómo me puedo mover hacia esta visión?

20 ¿Cómo puedo demostrarme compasión y aceptación cuando me siento inseguro?

Hacer tu mejor esfuerzo no significa esforzarte hasta el punto del colapso mental.

4 Frustración

Siempre habías querido aprender a tocar la guitarra, y por fin decides comprarte una. Llegas emocionado a tu primera lección, listo para empezar. Pero en cuanto el instructor empieza a explicarte cómo leer partituras y formar acordes, te das cuenta de lo mucho que necesitas aprender. Intentas tocar una canción sencilla, pero tus dedos se sienten torpes y las notas no suenan como deberían. Te frustras porque en tu mente imaginabas que sería más fácil o que tal vez tendrías un talento natural para ello. Ves cómo tus compañeros avanzan con mayor facilidad y tú te sientes perdido todavía. En lugar de disfrutar el proceso de aprender algo nuevo, empiezas a dudar si realmente deberías seguir intentándolo. Estás sintiendo frustración por no ser bueno en algo a la primera.

Definición

La frustración es **una respuesta emocional que surge cuando algo no sale como lo esperabas o cuando encuentras un obstáculo** que te hace creer que ya no podrás alcanzar una meta. Se siente como una mezcla de enojo, decepción y desánimo, especialmente cuando has invertido tiempo, esfuerzo o ilusión en algo y el proceso es más retador de lo que esperabas o los resultados no coinciden con tus expectativas.

Síntomas

- Irritabilidad e ira
- Tristeza y decepción
- Perder la confianza o sentirse impotente
- Ansiedad y pensamientos recurrentes sobre lo que no se pudo lograr
- Tender a rendirse ante los obstáculos
- Insomnio o problemas para dormir
- Tensión muscular
- Dolor de cabeza
- Reaccionar desproporcionadamente a problemas pequeños
- Sentirse estancado, impaciente o desmotivado
- Intolerancia a la incertidumbre

Causas

- No entender algo a la primera
- Sentir que el proceso es más complejo de lo que esperabas
- No tener resultados inmediatos
- Tener expectativas poco realistas
- Enfrentarte a problemas imprevistos u obstáculos fuera de tu control
- Tener malentendidos
- Comparar tu progreso con el de los demás

Kit de emergencia cuando las cosas no salen como esperabas

Si lo necesitas, toma una pausa y date espacio.

✦

No trates de reprimir tu frustración o abordarla desde lo racional. Date tiempo para sentir.

✦

Pregúntate si esto seguirá siendo importante dentro de un día, un mes, un año. Si la respuesta es negativa, no le dediques más de un minuto.

✦

Reflexiona sobre lo que salió mal e identifica si hay otra forma de ver la situación.

✦

Recuerda que las dificultades y los contratiempos son parte de la vida. Lo importante es cómo eliges responder ante ellos.

✦

Enfócate en tus fortalezas y en las cosas que puedes controlar.

✦

Recurre a tu red de apoyo para recibir ayuda, encontrar soluciones y aliento a la hora de emprender un nuevo camino.

✦

Recuerda practicar la autocompasión y no ser tan duro contigo mismo.

Afirmaciones para aliviar la frustración

- “Respiro y suelto lo que no puedo controlar”.
- “Abrazar un futuro diferente no significa abandonar mis deseos”.
- “Puedo encontrar plenitud y felicidad bajo otras circunstancias”.
- “Aprendo a ver el fracaso como una invitación a cambiar de dirección”.
- “Si algo no funciona, confío en que tengo las herramientas para encontrar otro camino”.
- “El cambio me permite crecer y aprender”.
- “Me adapto con flexibilidad a lo que la vida me presenta”.
- “Cada día soy más capaz de afrontar lo inesperado y lo incierto”.
- “Confío en mi capacidad para encontrar soluciones, incluso cuando no tenga completa claridad”.
- “Ya he sobrellevado cambios. También podré sobrellevar esto”.

Escribe tus afirmaciones y dilas en voz alta (al despertar es un buen momento).

1 ______________________________

____

____

2 ______________________________

____

____

3 ______________________________

____

____

Hábitos para sobrellevar la frustración

Ejercicios de respiración

Intenta la técnica 4-7-8. Inhala en 4 segundos, sostén 7 y exhala en 8.

✦

Relajación progresiva

Para liberar la tensión y conciliar el sueño, te recomendamos hacer este ejercicio antes de dormir. Acostado ve recorriendo cada parte de tu cuerpo. Inhala. Tensa por 10 segundos. Suelta. Exhala.

✦

Meditación

Date una pausa para crear distancia entre tus pensamientos y emociones.

✦

Movimiento al aire libre

Una caminata a paso rápido te ayudará a mejorar tu circulación. Además, el cambio de escenario te puede ayudar a distraerte. Escucha un pódcast mientras caminas para no caer en el espiral de los pensamientos negativos.

✦

Brain dump

La frustración hace que nuestros pensamientos se disparen. Seguramente estás pensando mil cosas a la vez. Puedes hacer un ejercicio de escritura libre para ayudarte a procesar la situación y calmar tu mente.

✦

Una conversación vulnerable

Comparte tus miedos, tus tristezas y tus dudas con alguien de confianza. La opinión de otro te ayudará a poner la situación en perspectiva.

✦

Regresar a lo que sí puedes controlar

En lugar de gastar tu energía en lo que está fuera de tus manos, puedes reevaluar y ajustar tu rutina: a qué hora te despiertas, a qué hora comes, qué comes, de quién te rodeas, por ejemplo. Prioriza tu autocuidado con hábitos saludables. Esto te permitirá recuperar el impulso y la dirección.

Cuestionario para profundizar

1. ¿Qué situaciones suelen detonar mi frustración?

2. ¿Puedo identificar las emociones que surgen con la frustración?

3. ¿He tenido experiencias similares antes? ¿Cómo las manejé? ¿Qué funcionó?

4. ¿Mis expectativas son realista? ¿Eso contribuye a mi frustración?

5. ¿Hay una perspectiva diferente para abordar la situación y reducir mi malestar?

6. ¿He comunicado mis necesidades o mis preocupaciones en torno a la situación?

7. ¿De qué tanto soy responsable para que las cosas no estén saliendo como quiero?

8 ¿Me está haciendo falta aprender o desarrollar alguna habilidad para sobrellevar mejor este tipo de situaciones?

9 ¿Hay límites que necesito marcar para evitar que esto se repita?

10 ¿Puedo practicar la aceptación radical en esta situación?

11 ¿Estoy siendo demasiado autocrítico en este momento?

12 ¿Estoy tomando suficiente tiempo para descansar?

13 ¿Estoy tratando de controlar algo que está fuera de mi control?

14 ¿Estoy comparándome con los demás? ¿Esto amplifica mi frustración?

15 ¿Qué técnicas de relajación me pueden ayudar en este momento?

Evitar una tarea te quita la misma energía que hacerla.

5 Procrastinación

Tienes que escribir un ensayo que se entrega dentro de tres días. En lugar de empezar, decides limpiar tu escritorio, organizar tu clóset y revisar tus redes sociales "solo por un rato". Antes de darte cuenta ya es mediodía y ni siquiera has comenzado. Te dices a ti mismo que necesitas estar más inspirado, que tienes que investigar un poco más. Llegas al punto de cuestionar si en verdad conoces el tema del que tienes que escribir. Al final del día la ansiedad es aún mayor porque sabes que probablemente no te dará tiempo de hacerlo bien y, además, te tendrás que desvelar. Te preguntas por qué siempre haces lo mismo y prometes que la próxima vez no lo dejarás para el último momento. Estás procrastinando.

Definición

La procrastinación es el **acto de postergar o posponer algo que necesitas hacer hasta que se vuelve una urgencia.** Esa tarea se ve más relevante de lo que en realidad es y, por ello, prefieres distraerte con actividades más fáciles o placenteras. La procrastinación no es igual a la desorganización, sino que está más relacionada con el miedo al fracaso, el perfeccionismo o la falta de motivación.

¿Cómo se ve la procrastinación?

- Repetir frases como "Lo hago mañana".
- Sentir ansiedad o culpa por no estar haciendo esa tarea.

- Trabajar en cosas triviales en lugar de lo que deberías estar haciendo.
- Esperar hasta el último momento para empezar.
- Evitar tareas difíciles o abrumadoras.
- Distraerte con facilidad.
- Dudar constantemente de cómo empezar o qué priorizar.
- Buscar excusas para justificar la falta de progreso.

Causas

- **Miedo o ansiedad.** Sientes que todos están atentos a lo que haces para ver si te equivocas y que están listos para criticarte o juzgarte. La vergüenza anticipada te congela, y por más que sepas que tienes que empezar, no puedes.
- **Perfeccionismo.** Tienes expectativas o estándares demasiado altos sobre ti. Ves la tarea como algo abrumador porque quieres hacerlo todo perfecto. La insatisfacción y frustración anticipadas son lo que te bloquea.
- **Poca estimulación.** Sueles postergar las tareas que te parecen desagradables, aburridas o poco retadoras.
- **Desconfianza.** No sabes si tienes las habilidades o el conocimiento suficientes para realizar la tarea. Las dudas sobre tu capacidad te paralizan.
- **Falta de recompensa.** No hay una razón que te anime a cumplir con la tarea.

Tipos de procrastinadores

El perfeccionista

Inviertes mucho tiempo en los detalles.
Tienes que revisar todo mil veces.
Te cuesta trabajo ver la *big picture.*

El soñador

Te gusta planear, pero te cuesta pasar a la acción.
Pasas mucho tiempo pensando en todos los escenarios posibles.

El evasor

Pospones tareas difíciles o que no te gustan.
Sientes que todos te están juzgando.
Prefieres procrastinar a equivocarte.

El miedoso

No compartes tus ideas por miedo a la crítica.
Pospones todo cuando te sientes observado.
Dudas de tus habilidades y pasas mucho tiempo preparándote.

El creador de crisis

Te gusta trabajar bajo presión.
Solo te concentras cuando sientes adrenalina.
Dejas todo para el final del día o para unas horas antes de la entrega.

Miniguía para vencer la procrastinación

1. Identifica por qué estás postergando tus actividades. ¿Qué estás sintiendo?
2. Haz una lista de tus pendientes y ordénalos de mayor a menor importancia.
3. Divídelos en pequeñas tareas que sean fáciles de procesar.
4. Establece fechas tope para ti, aunque en realidad no existan.
5. Empieza con la tarea más sencilla. Esto hará que las principales fluyan mejor.
6. No lo sobrepienses. Cuenta hasta cinco y empieza.
7. Limita las distracciones. Pon tu celular en silencio, pon música que te ayude a concentrarte y, de ser necesario, ve a un espacio aislado para evitar interrupciones.
8. Programa pausas durante el día para respirar y estirarte. Concéntrate en hacer y no en evitar.
9. Prométete una recompensa cuando acabes con tus prioridades del día.
10. Olvídate de la perfección. No tienes que hacer todo al 110%. A veces está bien cumplir con lo básico necesario.
11. Recuerda que está bien pedir ayuda. Delega lo que sea necesario.

TIP: puedes llevar un diario de "las veces que la procrastinación me mintió". Registra esas tareas que estuviste postergando y, una vez que te decidiste, las completaste fácil y rápido.

¿Qué miedo tenías antes de comenzar? ¿Cómo te sentiste mientras hacías esa tarea? ¿De qué te diste cuenta al terminar? Esto te ayudará a detectar las mentiras que tu mente te dijo y recordar las estrategias que aplicaste para superarlas. Poco a poco les irás restando poder a esos pensamientos que te bloquean.

Kit de emergencia para un día de procrastinación

SI TE SIENTES DESINTERESADO	→	Esfuérzate por empezar y haz 10 minutos de la tarea. Lo más probable es que sigas adelante porque arrancar es lo más difícil.
SI TE SIENTES INSEGURO	→	Date permiso de disfrutar el proceso. Ten en mente que mejorarás a medida que sigas trabajando en esa tarea.
SI TE SIENTES ANSIOSO	→	Haz una lista de lo que tienes que hacer hoy y divide todo en pequeños pasos. Practica ejercicios de respiración antes de empezar.
SI TE SIENTES ABRUMADO	→	Trabaja en bloques de 25 minutos, seguidos de cinco minutos de descanso. Al dividir el trabajo en tiempos cortos es más fácil empezar y mantener el impulso.

Afirmaciones para procrastinadores

- → "Puedo empezar, aunque no me sienta listo".
- → "Tengo el poder de elegir la acción en lugar de la evitación".
- → "Me enfoco en el proceso, no en el resultado".
- → "Confío en mi capacidad para hacer y terminar esta tarea".
- → "Cada paso me acerca más a mi meta".
- → "Tengo las herramientas para manejar la incomodidad".
- → "Me libero de la parálisis por perfeccionismo".
- → "Estoy en el presente, concentrada y atenta".
- → "Me permito concentrarme en un paso a la vez".
- → "Me doy permiso de intentarlo y demostrarme que puedo".

Escribe tus afirmaciones y dilas en voz alta (al despertar es un buen momento).

1. ______________________________
____
____
____

2. ______________________________
____
____
____

3. ______________________________
____
____
____

¿Qué incorporar a tu rutina?

Planifica

Al inicio de la semana haz una lista de prioridades. Revísala todos los días antes de empezar para mantener claridad y dirección.

Agenda

Marca bloques de tiempo enfocados: trabajar, descansar, comer, ejercitarte, socializar, etc.

Evalúa

Al final de la semana revisa tu plan y ajusta si es necesario.

Prémiate

Puedes hacer un plan de recompensas por tiempo o por prioridad. Saber que habrá algo bueno al terminar te mantendrá animado.

Aprende a priorizar

Método ABC

A. PRIORIDAD ALTA	B. PRIORIDAD MEDIA	C. PRIORIDAD BAJA
Necesita atención inmediata y tiene consecuencias si no lo atiendes.	Es importante pero no urgente. Puedes planear cuándo hacerlo.	Puede esperar o no requiere atención en este momento.

Método 4D

Decidir

Hazlo tú, comienza ahora.

Delegar

Alguien más puede encargarse.

Demorar

No es urgente, prográmalo para después.

Desechar

No se necesita ninguna acción, no vale la pena preocuparse.

Cuestionario para profundizar

1. ¿Qué tareas o situaciones detonantes tiendo a procrastinar?

2. ¿Qué excusas doy a la hora de procrastinar?

3. ¿Qué consecuencias negativas he tenido que afrontar por procrastinar?

4. ¿El miedo al fracaso está contribuyendo a ello?

5. ¿Mi deseo de ser perfecto juega un rol en esto?

6. ¿Qué emociones o pensamientos incómodos suelo evitar?

7. ¿La procrastinación afecta mi autoestima? ¿Cómo?

8. ¿Hay ciertos estados de ánimo que contribuyen a que postergue las cosas?

9. ¿Sé cómo gestionar mi tiempo?

10. ¿Sé cómo priorizar mis pendientes?

11. ¿Qué me motiva a completar una tarea?

12. ¿Mis objetivos y expectativas son realistas? ¿Ajustarlos me ayudaría a reducir la procrastinación?

13. ¿Hay algo que esté procrastinando y que, al completarlo, me acerque más a mis objetivos?

14. ¿Qué suelo hacer cuando procrastino? ¿Hay alguna manera de eliminar esas distracciones?

15 ¿Tengo hábitos o patrones que alimenten la procrastinación?

16 ¿Cómo puedo estructurar mejor mi rutina para evitar caer en la procrastinación?

17 ¿Para mí, cómo se ve el progreso?

18 ¿Qué habilidades debo desarrollar para sentirme más seguro con mi desempeño?

19 ¿Cómo puedo hacer mi espacio de trabajo más inspirador?

20 ¿Con qué amigo puedo hacer equipo para checarnos y alentarnos mutuamente?

No todo lo que piensas es real.

6
Sobrepensamiento

Estás esperando un mensaje de tu amigo después de haberle propuesto hacer planes para el fin de semana. Pasan horas y no responde. Primero piensas que tal vez está ocupado, pero luego empiezas a cuestionar si te dijiste algo que le pudo haber molestado. Repasas la última conversación que tuvieron. "¿Habré dicho algo que se malinterpretó?", "¿Pensará que soy mal amigo?", "¿Y si ya no le caigo bien desde hace tiempo pero no me lo ha dicho?". Revisas el chat varias veces para asegurarte de que siempre le hablaste en un buen tono. Te preguntas si deberías escribirle de nuevo, pero no lo haces por temor a que crea que eres insistente. Creas conversaciones en tu mente pensando en lo que te dirá y cómo puedes contestarle. Antes de que te des cuenta, has pasado horas repasando todos sus años de amistad. Te sientes ansioso, inseguro y agotado. Sabes que probablemente no sea nada, pero no puedes evitar darle vueltas una y otra vez. Estás sobrepensando.

Definición

El sobrepensamiento, o rumiación, es el **proceso de analizar en exceso una situación, pensamiento o problema**, dándole vueltas repetidamente, pero sin llegar a una solución útil. Puede ser que repases eventos pasados, imagines escenarios futuros o te preocupen cosas fuera de tu control.

En lugar de conducir a soluciones y darnos tranquilidad, el sobrepensamiento nos hace quedar atrapados en un ciclo interminable de analizar y reanalizar. Cuanto más tiempo pases pensando

en algo, menos tiempo y energía tendrás para tomar acciones. Además, pensar en todas las cosas que podrías haber hecho de otra manera, dudar de tus decisiones e imaginar continuamente los peores escenarios puede ser agotador e incluso paralizante, impidiéndonos tomar decisiones, causando ansiedad y estrés innecesario.

A veces, es normal estar demasiado inmerso en nuestros pensamientos. Pero pensar demasiado de forma crónica puede interferir significativamente en tu vida diaria.

¿Cómo se ve el sobrepensamiento?

- Te es difícil dejar de pensar en un problema o situación.
- Repites conversaciones o errores en tu mente.
- Imaginas múltiples escenarios, pasados o futuros.
- Sientes ansiedad.
- Te cuesta dormir por pensamientos insistentes.
- Buscas validación externa (alguien que confirme tus pensamientos y tu sentir).
- Te sientes agotado mentalmente por sobreanalizar cada detalle.
- Te cuesta trabajo tomar decisiones.
- No puedes concentrarte en otras tareas debido a la rumiación mental.
- Procrastinas.
- Te cuesta disfrutar el presente porque tu mente está atrapada en el pasado o futuro.
- Continuas pensando en una situación cuando ya se han encontrado soluciones razonables.
- Cambias de opinión constantemente porque analizas cada opción en exceso.
- Sueles agobiarte por cosas que están fuera de tu control.
- Sientes tensión física, como dolor de cabeza o fatiga, debido al estrés mental.

Procesar *vs.* sobrepensar

PROCESAR	SOBREPENSAR
Cuestionas con curiosidad lo que estás sintiendo.	Juzgas o críticas lo que estás sintiendo.
Notas las sensaciones de tu cuerpo.	Tratas de reprimir o evadir tus emociones.
Eres compasivo y comprensivo contigo mismo.	Te regañas y recriminas por estar sintiéndote así.
Te preguntas cómo puedes cuidar mejor de ti.	Te preguntas por qué no puedes dejar de sentirte así.

Causas

1. **Perfeccionismo:** querer hacer todo perfecto te lleva a analizar hasta el mínimo detalle.
2. **Miedo al fracaso:** el pánico a cometer errores provoca que anticipes problemas y analices en exceso para sentirte más en control.
3. **Inseguridad:** no saber qué hacer o cómo avanzar puede desencadenar pensamientos repetitivos.
4. **Incertidumbre:** la falta de claridad provoca una necesidad de pensar en todos los posibles escenarios para sentirte preparado y "aliviar" la incomodidad.

Kit de emergencia para salir de la espiral de la rumiación

Si estás consciente de que llevas más de una hora pensando en lo mismo, detente.

Escribe una palabra con tu mano dominante e intenta replicarla con tu mano no dominante para activar otras áreas del cerebro.

Concéntrate en cinco objetos de tu alrededor y descríbelos detalladamente para regresar al presente.

Pon una mano sobre tu pecho y la otra sobre tu estómago. Inhala y exhala por la nariz y concéntrate en el movimiento de tu cuerpo mientras respiras.

Escucha los sonidos de tu alrededor. Por 10 segundos concéntrate en uno solo y deja que los demás se disuelvan en el fondo. Luego pasa a otro sonido. Repite hasta que te sientas mejor.

Haz un *brain dump.* Date 10 minutos para escribir tus pensamientos tal y como vienen a tu mente. Luego léelos y define cuáles están bajo tu control y arma un plan de acción.

Miniguía para dejar de sobrepensar

1. Aprende a distinguir tus pensamientos. Pregúntate qué es lo que te quieren decir, qué los detona.
2. Debate tus pensamientos: ¿es un hecho o una suposición? ¿Me es de utilidad en este momento? ¿Qué está bajo tu control?
3. Por cada escenario negativo, también piensa en el positivo. Hazlo con curiosidad, así tu mente se sentirá escuchada y no juzgada.
4. Pasa del por qué al cómo. Por ejemplo: en lugar de preguntarte por qué te sientes así, pregúntate cómo puedes aliviarlo.
5. Abraza lo inevitable. Acepta que las cosas son tal como son y suelta la preocupación por lo que no está en tus manos.
6. Acepta la imperfección. Cultiva la apreciación por lo simple, imperfecto y transitorio.
7. Micro-macro. Piensa si lo que traes en la cabeza será relevante dentro de un año. Si la respuesta es no, date solo un minuto para pensar en eso, luego suelta y continúa.
8. Sé compasivo. No, no te estás volviendo loco. No, no hay nada de malo contigo. Solo estás sobrepensando y sí puedes detener tu mente.

Sobrepensar las cosas puede hacer que te enfoques en lo negativo, tengas preocupaciones innecesarias y caigas en la indecisión. Trata de redirigir tu esfuerzo y energía a sentir, procesar y soltar.

- El 70% de las cosas no tendrá relevancia en tu futuro.
- El 20% serán fracasos.
- El 10% serán cosas increíbles.

Si estás evitando sufrir, también te estás alejando de la felicidad.

Qué tal si…

todo sale bien.

✦

Qué tal si…

decido confiar.

✦

Qué tal si…

elijo ser mi prioridad.

✦

Qué tal si…

no dejo que el miedo me detenga.

✦

Qué tal si…

hago lo que amo.

Indecisión y falta de acción por sobrepensar

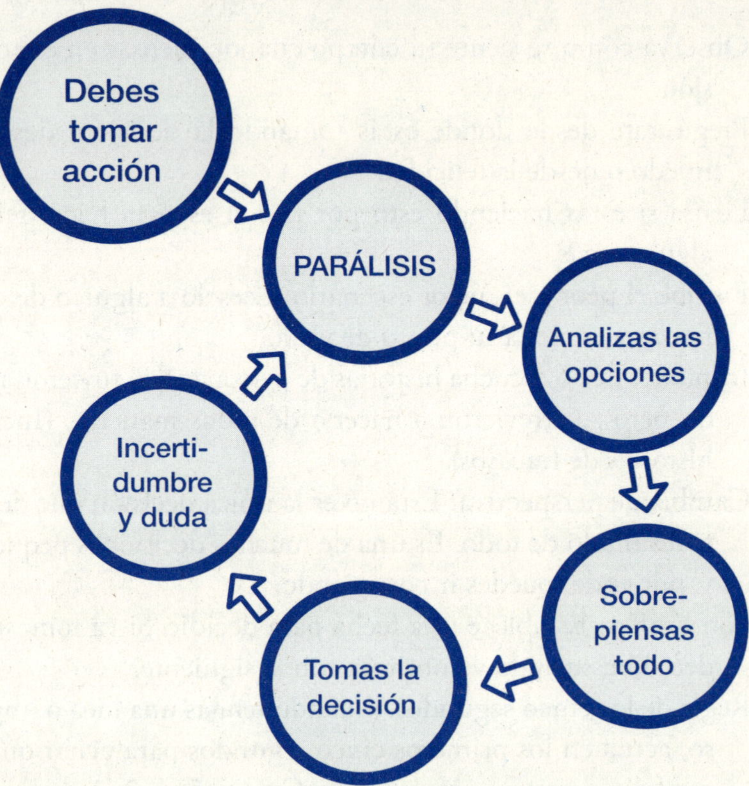

La indecisión y la falta de acción son efectos comunes de sobrepensar. A menudo nuestra mente se llena de múltiples opciones, posibles consecuencias y escenarios hipotéticos, lo que genera una sensación de parálisis. Este proceso mental, aunque bien intencionado en el intento de tomar decisiones "perfectas", en realidad nos detiene, nos mantiene atrapados en un ciclo interminable de dudas y nos impide avanzar. La constante reflexión puede generar una sensación de inseguridad, donde cada paso parece tener un riesgo mayor, pero la falta de acción solo refuerza esa sensación de estancamiento.

Miniguía para tomar decisiones sin sobrepensar

1. Observa cómo se siente tu cuerpo cuando piensas en esa decisión.
2. Pregúntate desde dónde estás tomando la decisión: desde el miedo o desde la felicidad.
3. Piensa si estás haciendo esto por ti o si es para hacer feliz a alguien más.
4. Escribe el peor y el mejor escenario. Léeselo a alguien de confianza y escucha su punto de vista.
5. Inspírate. Lee o escucha historias de personas que tuvieron miedo pero se atrevieron a hacerlo de todas maneras. (Incluye historias de fracasos).
6. Cambia de perspectiva. Esta no es la única decisión que define el resultado de todo. Es una de muchas decisiones pequeñas y, por ende, puedes ir corrigiendo.
7. Pon límites. Establece una fecha para decidir. Si ya tomaste la decisión, suéltalo y continúa con la siguiente.
8. Regla de los cinco segundos. Cuando tengas una idea o impulso, actúa en los primeros cinco segundos para evitar que tu cerebro cuestione o racionalice. Cuenta 5, 4, 3, 2, 1 y actúa.

TIP: elige la primera opción que hayas evaluado como suficientemente razonable.

Afirmaciones cuando no puedas dejar de pensar

→ "Mis pensamientos no son hechos".
→ "Suelto la necesidad de tener todas las respuestas ahora".
→ "Tengo la capacidad de calmar mi mente".
→ "El presente es suficiente y decido concentrarme en él".
→ "Acepto y suelto lo que no está en mis manos".
→ "Decido vivir en el aquí y ahora. El pasado y el futuro están fuera de mi control".
→ "No tengo que engancharme en cada pensamiento. Puedo verlos pasar sin tener que analizarlos".
→ "Me comprometo a darles el mismo peso a los escenarios positivos".
→ "La incertidumbre no es sinónimo de peligro".
→ "Confío en mí, en mis decisiones y en mi capacidad de encontrar soluciones".

Escribe tus afirmaciones y dilas en voz alta (al despertar es un buen momento).

1 ____

2 ____

3 ____

¿Qué incorporar a tu rutina?

Sal a la naturaleza.
Da un paseo consciente, respirando profundo y manteniéndote atento a lo que ves, hueles, escuchas y sientes.

Repite mantras.
Repite una frase corta que te resuene. Esto centrará tu atención y calmará tu mente.

Sé creativo.
Un taller de cocina, un día de jardinería, una clase de baile pueden ser un tipo de meditación, ya que fomentan la atención plena.

Lleva un diario escrito o de notas de voz.
Esto te ayudará a aligerar el peso mental, estructurar e identificar dónde tomar acción.

Agenda momentos de sobrepensar.
Designa 15 minutos para sobrepensar al día. Este será tu momento habitual y limitado en el que te permites rumiar libremente.

Escucha ruido blanco.
Esto te permitirá concentrarte y poner atención por tiempos prolongados.

Cuestionario para profundizar

1. ¿Qué tipo de pensamientos suelen ocupar mi mente?

2. ¿Cuáles son mis principales detonantes para sobrepensar?

3. ¿Qué situaciones suelo repasar una y otra vez? ¿Son errores que cometí, momentos vergonzosos, arrepentimientos?

4. ¿Si le contaras a tu yo del futuro, ¿qué crees que te diría sobre ello?

5. ¿Sobrepensar me da algún resultado positivo?

6. ¿He perdido oportunidades por sobrepensar?

7. ¿Sobrepensar suele provocarme estrés innecesario? ¿Cómo puedo manejar las situaciones para que esto no suceda?

8 ¿Qué creencias limitantes creo que están detrás de mi tendencia al sobrepensamiento?

9 ¿Qué pasos puedo implementar para simplificar mi proceso de toma de decisiones?

10 ¿Qué estrategias me funcionan para anclarme en el presente?

11 ¿Puedo convertir mis preocupaciones en acciones?

12 ¿Sobrepensar afecta mi desempeño laboral? ¿Mis relaciones con otros?

13 ¿Qué sistema puedo implementar para corroborar la veracidad de mis pensamientos? (Ejemplo: hablar con un amigo, llevar un diario, ir a terapia, etc.).

14 ¿Cómo reacciona mi cuerpo cuando sobrepienso?

15 ¿Cuál ha sido el reto más grande que he enfrentado este año? ¿Cómo se solucionó?

---

16 ¿He hecho algo sin pensarlo tanto? ¿Qué fue? ¿Cómo se sintió?

---

17 ¿Puedo identificar algún patrón en mi rumiación?

---

18 ¿Qué prácticas de autocuidado puedo priorizar cuando me siento agotado por sobrepensar?

---

19 ¿Cómo creo que me sentiría si no tendiera a sobrepensar todo?

---

20 ¿Qué hábitos puedo cambiar o adoptar para acercarme a esa visión?

La
ansiedad
es la
mente
yendo
más
rápido
que la
vida.

Estás acostado en la cama intentando conciliar el sueño después de un largo día. Aunque no hay nada en particular que te preocupe, empiezas a sentirte inquieto. Tu mente comienza a acelerarse y a pensar en todas las cosas que has dicho o hecho mal, y también en escenarios futuros que no hay manera de que sucedan, pero "¿qué tal si sí?". La sensación de incomodidad se vuelve abrumadora. Sientes el pecho pesado, te cuesta respirar y simplemente no puedes detener tu mente. A pesar de estar agotado, el insomnio se apodera de ti y te mantiene alerta. Cada vez que intentas cerrar los ojos aparecen imágenes mentales inquietantes. Sientes que algo va a pasar, pero no sabes qué. Esa sensación se apodera de ti. Te está dando ansiedad.

Definición

La ansiedad es **una respuesta emocional caracterizada por sentimientos de preocupación, inquietud o miedo ante situaciones amenazantes o inciertas (reales o imaginadas).** Es importante destacar que las manifestaciones (emocionales, cognitivas y físicas) no se correlacionan con algún peligro real, y si lo hay, el estado emocional sugerido resulta desproporcionado a este. Dicho padecimiento se orienta al futuro y se presenta ante una **anticipación** de una situación considerada como amenaza, pero confusa, vaga o lejana. En otras palabras, no puedes identificar el peligro, pero padeces el miedo de todos modos.

Síntomas

- Alteración del ritmo cardiaco
- Sensación de ahogo
- Dificultad respiratoria o falta de aire
- Opresión torácica
- Molestias gástricas
- Náuseas
- Vómitos
- Mareos
- Tensión muscular
- Hormigueo, ardor o picazón en la piel
- Sudoración
- Escalofríos
- Temblores
- Cansancio
- Pérdida o aumento de apetito
- Insomnio
- Disminución de la libido
- Pensamientos negativos, distorsionados y recurrentes
- Magnificación de los aspectos negativos y minimización de los positivos
- Miedo a perder el control
- Aislamiento social
- Evitación de los estímulos temidos
- Irritabilidad
- Agitación psicomotriz
- Hiperactividad

Preocupación o ansiedad

La ansiedad y la preocupación están relacionadas, pero se diferencian en su naturaleza, intensidad y duración. La preocupación son sentimientos específicos sobre problemas futuros o situaciones que podrían ocurrir. Sin embargo, la experiencia de la ansiedad es más compleja.

PREOCUPACIÓN	ANSIEDAD
Centrada en situaciones concretas.	Suele ser general y desproporcionada al problema.
Tiende a ser temporal.	Es persistente.
Desaparece cuando se toma acción.	Puede ser debilitante.
Puede ser útil a corto plazo porque nos motiva a buscar soluciones.	La respuesta emocional incluye preocupación excesiva.
Técnicas como *brain dump* y priorización de tareas suelen funcionar.	Se necesitan técnicas personalizadas y profundas como terapia o medicación.

Sentir preocupación todo el tiempo no es normal y podría ser un signo de ansiedad. Los siguientes criterios te ayudarán a comprender la diferencia entre ansiedad normal y excesiva:

- Tiene un origen poco reconocible y se presenta sin una buena razón.
- Presenta un preocupante nivel de intensidad, que va más allá de la preocupación cotidiana.
- Persiste por más tiempo, a veces semanas o meses.
- Ejerce un impacto significativo y perjudicial en la vida. De hecho, el dolor puede llevar a comportamientos destructivos, como el aislamiento o la evitación de personas o situaciones, así como el abuso de alimentos, alcohol u otras sustancias.

Causas

El estado de preocupación hace que el cerebro tenga ciertos cambios químicos que alteran nuestros niveles de energía y nos preparan para pelear contra aquello que representa peligro. El problema es que en la ansiedad el peligro suele no ser real, y el cuerpo se queda con altos niveles de energía que no necesita y no sabe cómo sacar.

En la actualidad se identifican varias causas que se combinan, las principales serían:

1. **Factor biológico.** Diferencias en la química y función del cerebro, o predisposición genética.
2. **Influencias cognitivo-emocionales.** El impacto de las experiencias de la infancia y el ambiente familiar en tu autoper-

cepción, el modo de relacionarte con los demás y el modo de sobrellevar las exigencias y los agentes estresantes de la propia vida.

3. **El estrés:** experiencias continuas de presión o tensión derivadas por problemas en el trabajo, en las relaciones familiares o sociales y las responsabilidades personales, incrementan la aparición de síntomas de ansiedad.
4. **Estilo de vida:** dormir mal, una mala alimentación o la falta de ejercicio pueden contribuir al aumento de la ansiedad.

Ejercicio de respiración para ansiedad

1. Coloca tu dedo en el punto que dice "Empieza aquí".
2. Deslizalo al siguiente punto mientras inhalas profundamente y cuenta hasta 4.
3. Exhala en cada esquina y vuelve a deslizar tu dedo hasta completar el cuadro.

Kit de emergencia para frenar el ciclo de la ansiedad

- Usa un mantra y repítelo hasta que el pensamiento ansioso se vaya.
- Di lo contrario a lo que tus pensamientos ansiosos te dicen y busca ejemplos concretos. Por ejemplo, si tu mente te dice: "Soy un fracaso", di en voz alta: "Soy exitoso porque...".
- Envuelve un pedazo de hielo en un paño de tela. Frota el hielo en tu nuca o en tus muñecas y enfócate en la sensación del frío.
- Come un dulce muy ácido o muerde una naranja con cáscara para distraer tu mente con el sabor y las sensaciones en tu boca.
- Haz respiraciones. Inhala cuatro segundos, retén el aire por tres segundos y exhala durante siete segundos. Repítelo tres veces o las que necesites.
- Nombra todos los objetos de cierto color que veas a tu alrededor.
- Tómate un vaso con agua lo más rápido que puedas, intenta no hacer pausas.
- Cuenta del 100 al 0.
- Usa la visualización. Imagínate en tu lugar y describe lo que ves, hueles, sientes y escuchas. Te recomendamos hacerlo en voz alta.

Recordatorios para cuando tengas ansiedad

Este sentimiento es temporal.

✦

Es una señal de tu cuerpo para bajar la velocidad.

✦

Date una pausa.

✦

Ya has sentido esto antes y lo superaste.

✦

Tu mente te está engañando, no corres peligro.

✦

La ansiedad no te detendrá para lograr todo lo que quieras.

✦

Tienes toda la fuerza en ti para superarlo.

Afirmaciones

- → "Ya me he sentido así antes y no pasó nada. No estoy en peligro".
- → "La ansiedad no define quién soy".
- → "Este sentimiento no durará para siempre".
- → "Acepto este sentimiento, lo siento y lo suelto".
- → "Soy fuerte y puedo con esto".
- → "Soy capaz de hacer cosas aun con miedo".
- → "Mis pensamientos son solo pensamientos".
- → "Hago suficiente, tengo suficiente, soy suficiente".
- → "Mis pensamientos no me controlan".
- → "La ansiedad no impedirá que haga las cosas que me gustan".

Escribe tus afirmaciones y dilas en voz alta (al despertar es un buen momento).

1. ______________________________

2. ______________________________

3. ______________________________

¿Qué incorporar a tu rutina?

- **Ve a terapia.** Buscar ayuda profesional es uno de los pasos más efectivos para manejar la ansiedad. Un terapeuta capacitado puede ayudarte a identificar las causas subyacentes de tus preocupaciones y enseñarte herramientas prácticas para afrontarlas.

- **Haz ejercicios de respiración.** La respiración profunda es una herramienta poderosa para calmar la mente y reducir los síntomas físicos de la ansiedad.

- **Crea rutinas.** Esto aliviará el miedo a la incertidumbre y te dará mayor sensación de control. Trata de mantener un horario para despertar, comer, ejercitarte y descansar.

- **Lleva un diario.** Escribir es una forma efectiva de liberar la mente de pensamientos ansiosos. Plasmar tus preocupaciones en papel te permite organizarlas, dándoles un espacio y ayudándote a procesarlas.

- **Debate tus pensamientos.** La ansiedad a menudo surge de pensamientos distorsionados o catastrofistas. Al practicar el "debate" de estos pensamientos, puedes empezar a desafiarlos y verlos desde una perspectiva más realista. Por ejemplo, si piensas: "Voy a hacer el ridículo en esta reunión", pregúntate: "¿De dónde viene este pensamiento? ¿Es realmente cierto? ¿Cuáles son las evidencias de que esto va a suceder?".

- **Plantea un escenario positivo por cada negativo.** Cuando la ansiedad te lleva a imaginar lo peor, puede ser útil practicar lo contrario: visualizar resultados positivos.

- **Repite afirmaciones por la mañana.** Las afirmaciones son una forma de reprogramar tu mente para que se enfoque en pensamientos positivos y calmantes. Repetirlas te permitirá crear un patrón mental más saludable.

- **Baja el consumo de cafeína, alcohol y drogas.** Estos pueden aumentar los síntomas de ansiedad. Reducir su consumo o eliminarlos de tu rutina puede contribuir significativamente a disminuir los niveles de ansiedad.

- **Estira tu cuerpo.** El estrés físico se acumula en el cuerpo, y el estiramiento es una excelente manera de liberarlo. Dedicar unos minutos al día para hacer estiramientos suaves no solo mejora la circulación, sino que también relaja los músculos tensos, reduciendo la sensación de ansiedad.

- **Descansa.** El descanso es esencial para mantener un equilibrio emocional y físico. La falta de sueño o el agotamiento pueden aumentar la vulnerabilidad a la ansiedad. Asegúrate de dormir lo suficiente y tomarte descansos durante el día para recargar energía.

- **Conecta.** La ansiedad va limitando las cosas que nos entusiasman. Trata de no aislarte y pasa tiempo con personas que te hagan sentir bien. Es importante mantener una red de apoyo.

Hábitos que intensifican la ansiedad

- Saltarte comidas
- Intentar que todo el mundo te vea fuerte
- Querer tener todo bajo control
- No tomar suficiente agua
- Ser el sostén emocional de todos
- Querer resolverlo todo sin ayuda
- No realizar actividad física durante el día
- Necesitar tener todo organizado
- Pasar demasiado tiempo en redes sociales
- Querer complacer a todos
- Dormir poco
- Siempre querer estar preparado para lo peor
- Ver demasiadas noticias o consumir contenido denso, como pódcasts de *true crime*
- Anticiparte a los problemas
- Necesitar estar ocupado
- Querer evitar sentir ansiedad
- Tomar demasiado café o alcohol
- Ser demasiado exigente con detalles poco relevantes
- Necesitar comprobar todo varias veces

Durante tu proceso de sanación

Después de una crisis de ansiedad, es común desear "volver a ser como antes", a esa versión de ti que, en retrospectiva, parecía más funcional. Pero, si te detienes a pensarlo, ¿realmente estabas bien o solo estabas sobreviviendo? Tal vez ocupabas tu mente con trabajo, planes, distracciones o cualquier cosa que evitara el silencio incómodo de estar contigo mismo. Tal vez ignorabas las señales de agotamiento hasta que tu cuerpo dijo "basta".

La ansiedad es incómoda, sí. Es abrumadora, y a veces desesperante. Pero más que un enemigo a vencer es un llamado de atención. No es el problema en sí, sino un síntoma de algo más profundo que necesita ser atendido. Y si en lugar de luchar contra ella, decides escucharla, podrías descubrir que no vino a arruinarte la vida, sino a salvarte de seguir en piloto automático.

Trata de aprovechar el momento para pausar y reflexionar sobre lo que te trajo hasta aquí. Acepta, valida y asume la responsabilidad sobre lo que sientes. En lugar de buscar una salida "fácil y rápida" que la silencie momentáneamente, busca formas de conectar contigo mismo de manera genuina. Terapia, escritura, descanso, movimiento, etc. Haz el trabajo para transformar tu interior. Eventualmente, volverás a sentirte tú. Pero será una versión más presente, más consciente, más tú que nunca. Y cuando la ansiedad vuelva a tocar tu puerta, en lugar de asustarte, sabrás que tienes las herramientas para atenderla sin dejar que te consuma.

Cuestionario para profundizar

1. ¿Qué es lo que te preocupa en este momento?

2. ¿Cuáles son los pensamientos que estás teniendo al respecto?

3. ¿Son reales?

4. ¿Estoy siendo honesto conmigo mismo sobre la situación?

5. ¿Me estoy juzgando o invalidando?

6. ¿Cómo está siendo mi diálogo interno últimamente?

7 ¿Cuánto tiempo llevas pensando en esto?

8 ¿Qué tan probable es que pase?

9 ¿Es tan malo como parece?

10 ¿Esta preocupación viene del pasado o es del futuro?

11 ¿Es algo que está en mis manos resolver?

12 ¿Qué es lo peor que puede pasar?

13 ¿Qué es lo mejor que puede pasar?

14 ¿Cuáles serían las posibles soluciones?

15 ¿Qué emociones estoy sintiendo?

16 ¿En qué parte de mi cuerpo estoy sintiendo esas emociones?

17 ¿Cómo puedo usar mis emociones para algo positivo?

18 ¿Con quién puedo hablar de esto?

19 ¿Qué puedes hacer para sentirte mejor en este momento?

20 ¿Qué puedo incorporar a mi rutina para sentirme más en paz?

Eres más fuerte de lo que crees.

ÚLTIMOS PENSAMIENTOS

¡Llegamos al final! Con suerte, construir hábitos nuevos ya no parece tan abrumador o intimidante. Estamos muy orgullosas de ti por darle una oportunidad a esta guía, pero, sobre todo, por atreverte a mirar hacia adentro, cuestionar lo que no te funciona y abrirte a la posibilidad de un cambio genuino. Un cambio que ya no viene desde la autocrítica o la presión social, sino desde el entendimiento profundo de quién eres y lo que realmente necesitas.

Es probable que se despertaran muchas emociones en ti, pero esperamos que este libro te haya ayudado a encontrar herramientas para explorar tus subidas y bajadas con curiosidad y autocompasión, porque no se trata de arreglarte, sino de entenderte. No se trata de seguir una rutina predeterminada, sino de probar, ajustar y seguir avanzando, incluso cuando el camino no sea lineal. De todo corazón esperamos que en estas páginas hayas encontrado el espacio seguro que necesitabas para concentrar tu energía, aliviar tu carga mental y prepararte para el éxito.

Ahora que ya iniciaste el viaje del autoconocimiento, recuerda hacer pausas cada cierto tiempo para reflexionar y evaluar. Pregúntate: ¿qué salió mal?, ¿qué salió bien? y ¿qué puedo ajustar la próxima vez? No se trata solo de encontrar respuestas, sino de reconocer cuánto has avanzado. Cada pausa será una oportunidad para celebrar tu crecimiento, reconociendo que, aunque los altibajos sigan presentes, ya tienes nuevas herramientas y una mayor comprensión de ti mismo.

Abrazar el cambio no siempre es fácil. A veces, crecer significa soltar viejas creencias, romper patrones que ya no te sirven y darte permiso para salir de tu zona de confort. Pero el cambio no tiene que ser rápido ni drástico. Las transformaciones más profundas y sostenibles nacen de pequeños pasos consistentes, llenos de intención y compasión. No siempre se siente como un gran momento de revelación, pero son esas decisiones cotidianas, aunque pequeñas, las que, con el tiempo, van construyendo la versión de ti mismo que estás buscando. Es un proceso constante, y cada paso, por pequeño que sea, te acerca más a quien realmente eres.

Así que, si alguna vez sientes que te pierdes o que retrocedes, vuelve a este libro. Usa las herramientas, regresa a las preguntas y recuerda que el progreso no siempre es visible, pero siempre cuenta. Este es tu viaje, único y valioso. No te apresures, disfruta del proceso y permite que cada paso, incluso los más pequeños, te acerque más a la persona que siempre has querido ser.

Sobre las autoras

Jimena y Daniela López son las mentes y corazones detrás de @buenavibracamp.

Jimena es Historiadora del Arte y trabaja como curadora de exposiciones y proyectos culturales. En este camino descubrió su pasión por el diseño, que ahora utiliza para dar vida a los mensajes y reflexiones del proyecto.

Daniela, por su parte, estudió Psicología Clínica con el propósito de ayudar a las personas a entenderse mejor. Su interés por informar a más personas sobre la importancia de la salud mental la llevó a buscar nuevos espacios donde estos temas pudieran abordarse de una manera cercana y accesible.

@buenavibracamp nació a partir de conversaciones sinceras entre amigas, donde la salud mental y los altibajos de la adultez se convirtieron en un tema recurrente. Tanto ellas como su círculo cercano estaban enfrentando desafíos emocionales, y aunque nadie tenía todas las respuestas, el saber que no estaban solas les dio fuerza. Si bien la idea del proyecto surgió antes de la pandemia, fue este período el que amplificó la necesidad de crear un espacio seguro en redes sociales para hablar de salud mental sin juicios ni tabúes.

En su perfil, abordan temas como la motivación y el amor propio, con la intención de recordar que el camino hacia el bienestar no tiene que recorrerse en soledad, y que el cambio siempre puede empezar con un pequeño paso.

Agradecimientos

A nuestra mamá, por ser siempre nuestra mejor porrista, por creer en nosotras y por el amor que nos da. Es nuestro ejemplo de determinación y fuerza, el pilar que nos impulsa y motiva cada día.

A nuestros esposos, quienes desde el día uno apoyaron nuestra idea de compartir contenido en redes sociales, y que a veces creen más en nosotras que nosotras mismas. Gracias por hacernos reír y por estar con nosotras en cada paso que damos.

A nuestras gatitas, por ser el más grande ejemplo de cómo vivir en el presente, tomar las cosas con calma y saber descansar. Su compañía ha sido parte fundamental de este proceso y su amor ha sido un apoyo incondicional.

A nuestros seguidores, porque cada comentario, mensaje e interacción nos llena de fuerzas para seguir adelante. ¡Gracias por estar aquí! Los queremos y valoramos muchísimo.

Crecer no es fácil ni cómodo, pero siempre vale la pena.

Notas

Notas

Esta obra se terminó de imprimir
en el mes de marzo de 2025,
en los talleres de Grafimex Impresores S.A. de C.V.,
Ciudad de México.